Thomas Gandow

WEIHNACHTEN

Glaube, Brauch und Entstehung des Christfestes

MÜNCHENER REIHE
im Evangelischen Presseverband für Bayern

Begründet von Friedrich-Wilhelm Haack
Im Auftrag von Inge Haack
herausgegeben von Thomas Gandow

Wißt ihr noch, wie es geschehen?
Immer werden wir's erzählen,
wie wir einst den Stern gesehen
mitten in der dunklen Nacht.

"Zur Erinnerung an den 25.12.1977"

2. Auflage 1994
Verlag: Evangelischer Presseverband für Bayern, 80636 München
Abteilung Schriftenmission

Umschlagbild:
Franz Skarbina, Unter dem Weihnachtsbaum
(Berliner Weihnachtszimmer), 1892
Besitzer: Berlin Museum, Berlin
Fotograf: Hans-Joachim Bartsch, Berlin
Abbildungen Innenteil: Archiv Gandow
Herstellung: Jutta Hollick
Satz: Graphisches Büro C. Hofer, Mertingen
Druck: Schoder-Druck, Gersthofen

ISBN: 3-583-50658-8

INHALT

Vorwort

Warum noch ein Weihnachtsbuch?

- Pseudokritische und teilweise überholte Literatur hat vielen Zeitgenossen über Weihnachten einen Bären aufgebunden. Sogar in der Schule wird von Lehrern in vielen Fächern "alle Jahre wieder" Irriges z.B. über Adventskranz und Weihnachtsbaum erzählt - nicht als (zulässige) persönliche Deutung, sondern als angeblich gesichertes, volkskundliches Wissen.
- Junge Familien aber auch Alleinlebende möchten wieder wissen, wie man denn nun "richtig" Weihnachten feiern kann.
- In der Beratung und bei Gesprächen im Anschluß an Vorträge begegnen mir Menschen in großer Verunsicherung über dieses Fest. Sie können sich nicht mehr über Weihnachten freuen, weil Sekten ihnen Angst machten, Weihnachten sei ein heidnisches Fest.

Mit diesem Bändchen der Münchener Reihe soll daher eine "brauchbare" Darstellung der christlichen Weihnachtstradition und des fröhlichen *Glaubens*, wie er sich in unserem Weihnachtsfest ausdrückt, gegeben werden.

Es geht natürlich auch um das *Brauchtum*, das sich mit dem Fest verbunden hat oder aus dem Christfest bis heute immer wieder neu hervorgeht.

Damit will ich äußeren Bestreitern des Christfestes, aber auch manchen (christlichen) Sekten, aber auch allen Verunsicherten und Zweifelnden eine Antwort (1. Petrus 3,15) geben.

Auch ein besonderer Aberglaube um das Fest wird kritisch behandelt. Gemeint ist hier vor allem der *wissenschaftliche Aberglaube*, der über das Weihnachtsfest existiert, und freudig immer und immer wieder wiederholt wird. Die nur scheinbar feststehenden (Fehl-) Urteile sollen durch Erkenntnisse theologischer und volkskundlicher Forschung wenigstens in Frage gestellt werden.

Das Gestrüpp "unter dem Weihnachtsbaum" möchte ich also ein wenig lichten helfen.

Daß ich dabei ganz aus meiner Sicht berichte, wie man heute Weihnachten feiern kann und auch *meine* Deutung des Festes ins Spiel bringe, wird von den Leserinnen und Lesern mit Recht erwartet. Dies Buch soll *Hilfe zur Weihnachtsfreude* sein und nicht "Vorschrift für korrektes Feiern".

Sie, liebe Leserinnen und Leser, sind herzlich eingeladen, mir zu schreiben, wie Sie das Fest feiern oder in Ihrer Jugend gefeiert haben. Ergänzungen, Hinweise und Mitteilungen über alles, was mit Weihnachten zusammenhängt, sind für weitere Auflagen willkommen.

Fröhliche Weihnachten!

Thomas Gandow
Heimat 27
14165 Berlin-Zehlendorf
Am Tag der Hl. Helena, dem 18. August 1993

I.

1. Wahrheit über Weihnachten?

Weihnachten ist für viele das größte Fest und die schönste Festzeit des Jahres, ein Fest der Familie und der Kinder. Das Weihnachtsfest hebt sich heraus aus allen anderen Familienfesten und auch aus allen anderen öffentlichen Festen und Feiertagen im Jahreslauf. Aber: Wie wird es richtig gefeiert? Worum geht es? Was wird gefeiert? Was ist eigentlich dran an Weihnachten?

Schwierigkeiten mit der Weihnachtswahrheit

Feste sind vor allem dazu da, daß einmal in Ruhe erzählt werden muß, *warum* gefeiert wird. Kirchliche Feste werden heute nicht zuerst von den Kirchen selbst definiert, gedeutet und erklärt, sondern bestenfalls von der Familienillustrierten, der Werbung und der Konsumgüterindustrie. Mehr und mehr verbreiten auch Sekten und esoterische Bewegungen *ihre* "Wahrheit über Weihnachten".
Sinnvollerweise sollte man das Fest weder von bloßen Nutznießern des Festes interpretieren und damit auch gestalten lassen ("Weihnachten nur mit Weinbrand XYZ!") noch gar von engherzigen Gegnern des Festes, die am liebsten jede Feier und damit jedes Atemholen und Kräftesammeln als überflüssigen "Luxus und Konsumterror" abschaffen würden.
Es ist auch wenig sinnvoll, sich z. B. von einer Sekte, die Weihnachten am liebsten aus dem Kalender streichen würde, Weihnachten erklären zu lassen.
Fremde Ratgeber mit eigenen Interessen bieten sich immer gern an, die Lücken zu füllen, wenn von den Kirchen selbst nicht über das Fest geredet wird oder sogar gegen das Fest gepredigt wird.
Manche Christen sind offenbar in ihrer Freude, das Christfest zu feiern und öffentlich zu vertreten, unsicher geworden:
– Ist dies Fest mit seinem Trubel, seiner Freude und seinem "Feststreß" wirklich (noch) ein christliches Fest?

– Oder ist nicht, wie uns landauflandab selbst in Büchern aus "kirchlichen" Verlagen erzählt wird, vieles "ursprünglich heidnische" in dieses Fest eingedrungen?
– Immer wieder wird ja von ganz verschiedener Seite auch behauptet, sogar die eigentlichen Wurzeln des Festes seien heidnisch: Die einen meinen, es sei ins Christentum eingedrungenes germanisches oder römisches Heidentum, die anderen sagen, die frühe Kirche habe eigentlich Heidnisches auf ihre Mühlen geleitet, habe ihr Weihnachten "auf Heidnisches aufgepfropft". Neugermanische Runenforscher behaupten endlich sogar, das Christfest sei aus dem Julfest hervorgegangen; ursprünglich ein heidnisch-germanischer Termin, hätten die Christen in raffinierter Missionsmanier das germanische Wintersonnenwendfest umfunktioniert. Dabei stützt sich die Argumentation unter anderem auf Jakob Grimm.

Weihnachten, deutsche Mythologie und Grimms Märchen

Leider ist manches, was wir den Brüdern Grimm an angeblichen Einblicken in die germanisch-deutsche Volksseele zu verdanken haben, eher in den Bereich der Konstruktion und des Wunschdenkens zu rechnen, auch in den Bereich von Sehnsucht und Romantik, angesichts fehlender Quellen über die religiösen Vorstellungen der Germanen und ihr Brauchtum. Schon der vorausgesetzte Zusammenhang von Germanischem und Deutschem muß in Zweifel gezogen werden[1]
Jakob Grimm hoffte:

> "Ein Volk, zur Zeit wo seine Sprache, sein Recht gesund dastehen und unversiegten Zusammenhang mit einem höheren Altertum ankündigen, kann nicht ohne Religion gewesen sein"[2].

Er wollte eine konkrete Vorstellung über diese germanische Religion als eigenständige Grundlage deutscher Kultur gewinnen über die analoge Beobachtungen an anderen Religionen und über die Erschließung aus Sage, Märchen, Sitten und Brauchtum.

> "Es kam ihm darauf an, Spuren alten Heidenthums zu finden. Er hielt viele Bräuche und Aberglauben, die das christliche Volk auch in Bezug zu seinen Heiligthümern übte, für solche. Seine Schüler (. . .) sind ihm darin mit ungemeinem Eifer nachgefolgt. Bald fiel das Meiste, was christliche Sage, Sitten und Aberglaube enthielten, ihnen zur Beute"[3]

kritisierte schon Mitte des vorigen Jahrhunderts der auch durch volkskundliche Veröffentlichungen ausgewiesene Theologe Paulus

Cassel. Heute wird Jakob Grimms Ansatz in der Volkskunde selbst kritisiert und als ein Erklärungssystem gesehen, das über seinen fast kanonischen Rang auch ein wissenschaftliches Rücklaufphänomen erzeugte. Die Verbreitung einer bestimmten Forschungsmeinung schlägt sich dann auch nieder in den Ansichten derer, die z. B. die beschriebenen Feste feiern. So kann eine (auch phantastische) Deutung zum Inhalt des Festes werden und in das Selbstverständnis der Feiernden einwandern.[4].

Cassel schrieb schon 1862 kritisch zu diesem Phänomen (aber zugleich auch kritisch zur Wissenschaft *vor* Grimm):

> "Es hatte allerdings einen unkritischen Schein, als die alte Gelehrsamkeit bis in's 18. Jahrhundert jede Weisheit der heidnischen Völker wie ein Plagiat aus den christlichen und biblischen Lehrgedanken ansah. Aber das völlige Gegentheil, in welches man in vielen modernen Schriften gerathen ist, kann ebensowenig gefallen. Hier entzog man dem christlichen Alterthum seine eigenthümliche Institution und Sitte und legte sie als umgewandeltes heidnisches Wesen aus. Es traf dies unter vielem Andern das schöne Fest Christi selbst – und ist es ein sogenanntes unzweifelhaftes Resultat bis in die Volksbücher hinein geworden, daß Weihnachten nichts als die heidnisch umgesetzte Wintersonnenwende sei. "[5]

Daß man aus solchen, das "Germanische" hochschätzenden Quellen und

> "einschlägigen Darstellungen begierig schöpfte, als während der Zeit des Dritten Reiches alles Germanische hoch im Kurs stand, ist leicht zu verstehen. Weniger begreiflich ist es, daß mit verbissener Hartnäckigkeit vor allem die popularwissenschaftliche Literatur an dieser Sicht der Dinge festhält, obwohl sich eine Reihe von Fachvertretern mittlerweile um deren Revision bemüht hat. Fast willkürlich kann man neueste Werke zur Brauch-Thematik herausgreifen und wird auf das 'Germanen-Syndrom' stoßen" [6]

wurde auch noch 1992 beklagt.

Es wird Zeit, hier endlich wieder sorgfältiger zu sichten und realistischer auch auf die Geschichte unserer Feste, unseres Brauchtums und unserer Kultur zu schauen.

Jahresendflügelpuppe in hoher Nacht der klaren Sterne

Wenn Weihnachten eines der zentralen christlichen Feste ist, müssen sich Angriffe auf Christentum und Kirche in Deutschland notwendig auch am Weihnachtsfest festmachen.

Das war so unter der Herrschaft des Nationalsozialismus, der das Christfest zu einem germanischen Lichterfest in der “hohen Nacht der klaren Sterne” machen wollte.
Auch der “real existierende Sozialismus” deutscher Prägung versuchte, dem Christentum und seinem Weihnachtsfest u. a. durch “Sprachregelung” zu schaden. 1991 erinnert sich der Redakteur einer Ost-Berliner Zeitung:

> “Vor dreissig Jahren durfte das Wort WEIHNACHTEN im offiziellen DDR-Sprachgebrauch nicht mehr auftauchen. . . . Vom Fest des Tannenbaums war nur noch die Rede. Und der Weihnachtsmann hieß nach dem Beispiel der sowjetischen Freunde, Großväterchen Frost. “

Die Weihnachtsgans mußte Wintergans genannt werden und die erzgebirgischen Weihnachtspyramiden hießen Figurenkarussel, die Weihnachtsengel “Jahresendflügelpuppen”.

Tannenbaumspione

Das Christfest wird heftig auch von christlichen Sektierern bekämpft. So bestreitet eine christliche Sekte wie “Jehovas Zeugen” die Christlichkeit des Weihnachtsfestes – und zwar ganz und gar. Sie setzt Menschen mit der Behauptung unter Druck, schon Tannenbäume seien Götzendienst und sandte auch schon Kundschafter aus, die kontrollieren, ob die Großmutter vielleicht doch für die Enkelkinder einen Christbaum aufgestellt hat.
Wie die Sekte “Jehovas Zeugen” argumentieren auch fundamentalistische Gruppen innerhalb und am Rande der Kirchen: Weihnachten sei ein “heidnisches Relikt” im Christentum, wahre Christen dürften keinen Weihnachtsbaum haben und sich zu Weihnachten nichts schenken.

Weihnachten – ein deutsches Fest?

Weihnachten soll das typischste deutsche Fest sein. Und der Augenschein scheint dem recht zu geben. Rund um den Globus singt man das deutsche Lied “Stille Nacht, heilige Nacht”. Und man kann die Behauptung hören, schon die alten Germanen hätten dies Fest gefeiert, die Missionare hätten es nur geschickt “umfunktioniert”. “Eigentlich ist es ja das Julfest” hieß und heißt es nicht nur in den

Schriften germanomaner Neuheiden, sondern auch in Illustrierten und selbst in manchen gut gemeinten christlichen Veröffentlichungen. Die heutige Volkskunde und Brauchtumskunde bestätigt diese Behauptungen nicht.

Feste und Bräuche sind anpassungsfähig und verändern sich. Ein Fest, wenn es ansprechend und faszinierend ist, kann auch zur Übernahme anregen, vor allem, wenn es seine jeweils neue Umgebung mit dem Gedanken der "Erfüllung" aller Hoffnungen bestätigt wie es das Weihnachtsfest tut:

> "Selbst da, wo man später Landes- und Volksbrauch annahm, hat es diesen mit der Allegorie der Erfüllung geweiht. "[7]

Bildertuch "Christgeburt". Wegen des traditionellen Ballspiels Genna zum Weihnachtsfest auch "Genna" genannt. Äthiopien.
Aus: Weinhold, Freude der Völker, S. 158, Claudius Verlag, München.

Man versuchte dann sogar, das Fest ganz in das eigene Leben und die eigenen Vorstellungen hineinzuholen, es einheimisch zu machen und einzuwurzeln in die eigene kulturelle Umgebung. Wie dies geht, dafür gibt ein Gedicht von Werner Bergengruen (1892-1964) eine lebendige Antwort:

KASCHUBISCHES WEIHNACHTSLIED

Wärst du, Kindchen, im Kaschubenlande,
Wärst du, Kindchen, doch bei uns geboren,
Sieh, du hättest nicht auf Heu gelegen,
Wärst auf Daunen weich gebettet worden.

Nimmer wärst du in den Stall gekommen,
Dicht am Ofen stünde warm dein Bettchen.
Der Herr Pfarrer käme selbst gelaufen,
Dich und deine Mutter zu verehren.

Kindchen, wie wir dich gekleidet hätten!
Müßtest eine Schaffellmütze tragen,
Blauen Mantel von kaschubischem Tuche,
Pelzgefüttert und mit Bänderschleifen.

Hätten dir den eigenen Gurt gegeben,
Rote Schuhchen für die kleinen Füße,
Fest und blank mit Nägelchen beschlagen.
Kindchen, wie wir dich gekleidet hätten!

Kindchen, wie wir dich gefüttert hätten!
Früh am Morgen weißes Brot mit Honig,
Frische Butter, wunderweiches Schmorfleisch,
Mittages Gerstengrütze, gelbe Tunke.

Gänsefleisch und Kuttelfleck mit Ingwer,
Fette Wurst und goldnen Eierkuchen,
Krug um Krug das starke Bier aus Putzig.
Kindchen, wie wir dich gefüttert hätten!

Und wie wir das Herz dir schenken wollten!
Sieh, wir wären alle fromm geworden,
Alle Kniee würden sich dir beugen,
Alle Füße Himmelswege gehen.

Niemals würde eine Scheune brennen,
Sonntags nie ein trunkner Schädel bluten –
Wärst du, Kindchen, im Kaschubenlande,
Wärst du, Kindchen, doch bei uns geboren!

Werner Bergengruen (1892–1964)

Weihnachten kam nach Deutschland

In Wirklichkeit hat nicht nur das "deutsche Weihnachtsfest" in den letzten einhundert Jahren aus Deutschland ausgestrahlt und den so deutschen Familienweihnachtsbaum nach Australien, Brasilien und Japan ausgesandt, sondern wir haben z. B. aus Nordamerika[8] auch den öffentlichen Weihnachtsbaum auf Straßen und Plätzen oder den Weihnachtskranz an den Türen zurückerhalten. Auch wir haben das Fest empfangen. Es ist nicht in Deutschland (oder Germanien) entstanden. Nach Deutschland kam das Fest schon fast fix und fertig. So stellt selbst das "Handwörterbuch des deutschen Aberglaubens", 1938 (!) ist der Band mit dem Stichwort Weihnachten erschienen, einleitend klar: "Das kirchliche Fest der Geburt Christi ist wesentlich als fertiges Fest zu den Germanen gebracht worden. "[9]
Vor jeder Mission kamen Germanen selbst (u. a. durch die Völkerwanderung) in den Kulturraum, der schon von römischer Kultur und christlicher Verkündigung erreicht war. Ungefähr seit dem Jahre 200 (Mainz) wird im Gebiet des heutigen Deutschland schon in Kirchen das Evangelium von der Christgeburt gelesen. Dort – also im Gebiet des heutigen Deutschland – ist Weihnachten seit 1700 Jahren eines der christlichen Hauptfeste.
Das Christentum im Ganzen hat Wesentliches zum Entstehen des "Heiligen römischen Reiches deutscher Nation" beigetragen. Es ist kein Zufall, daß die Taufe des Frankenkönigs Chlodwig an Weihnachten 498 erfolgte und die Krönung Karls des Großen an Weihnachten 800. Die Bibel formte die deutsche Kunst und Sprache. Auch das christliche Weihnachtsfest hat prägend auf die Kultur des entstehenden Deutschland gewirkt. In dieser Begegnung verwandeln sich "Germanen" erst in Deutsche.
Im deutschen Sprachraum wurde durch eine Mainzer Synode im Jahre 813 Weihnachten zu einem allgemeinen kirchlichen Feiertag erhoben. Die Geschichte des Weihnachtsfestes, auch des Weihnachtsfestes in Deutschland, war also schon lang, bevor es zu einem regelrechten deutschen Fest wurde: 381 war es durch Konzilsbeschluß "dogmatisiert", d.h. zum Bestandteil christlichen Lebens und Glaubens erklärt worden. So ist das Weihnachtsfest zwar bei uns schon alt, aber nicht zuerst ein deutsches Fest, schon garnicht ein germanisches, sondern es ist "unseres" geworden, wie ein Geschenk. Was gehört zu diesem Geschenk? Was war Verpackung? Und womit ist dies Geschenk in Deutschland später ergänzt und ausgeschmückt worden?

2. Was ursprünglich zu Weihnachten gehört

Das wichtigste und erste, was zu Weihnachten gehört und in den ältesten Bildern (Wandmalereien in Katakomben und Reliefs früchristlicher Sarkophage des 4. Jahrhunderts) erscheint, ist nur das gewickelte, gewindelte Jesuskind in einer Krippe oder einem Korb mit Ochs und Esel, vielleicht auch mit Hirten; manchmal sitzt die Mutter nur daneben, später rückt sie immer mehr ins Zentrum der Bilder. Es hat rührende oder beeindruckende Bilder von Mutter und Kind in vielen Kulturen, auch in religiösen Zusammenhängen, gegeben. Was jedes Bild und jede Vorstellung aber zu eindeutigen *Weihnachtsbildern*, zu einem Bild der Christgeburt macht, sind Elemente, die diese Bilder unterscheidbar machen von irgendeiner anderen Kindsgeburt, auch von der Geburt anderer Götter und Helden. Das Jesuskind wird auf den ältesten Darstellungen meist in einer *Krippe* (oder einem Krippenkorb) gezeigt, *Ochs und Esel* stehen dabei. Die Krippe steht nicht irgendwo, sondern in *Bethlehem, der Stadt Davids* (manchmal markiert durch die *Hirten*). Die besondere Geburt kann auch durch einen *Stern* bezeichnet werden. Dies sind die Zeichen und Koordinaten, die die Szene im Stall von Bethlehem unterscheiden von allen anderen Mutter-Kind-Bildern, und die jedes Mutter-Kind-Bild in ein Bild von der Geburt des Heilands verwandeln würden.
Auf dem Weihnachtsbild von der Bernwardstür des Hildesheimer Domes von 1015 finden wir die typischen Weihnachts-Elemente. Zusätzlich hält Maria ein Buch in der Hand. Von einem Buch ist im Weihnachtsevangelium nicht die Rede. Es ist *das Buch*, die Bibel, das Alte Testament, als Hinweis: Alles, was das Bild zeigen will, ist die Erfüllung alttestamentlicher Verheißung. Mit diesem drastischen Hinweis haben wir aber nicht nur den Schlüssel zum Bernwardstor und seinen Bildern. Hier halten wir den Schlüssel zu allem, was Weihnachten ist, in der Hand. Wer diesen Schlüssel kennt, für den gibt es keine "Verschlußsache Weihnachten" mehr. Es ist das Alte Testament und seine Erfüllung der Bezugsrahmen für die Weihnachtsgeschichte. (Ein Element der frühkirchlichen Legendenbildung ist allerdings auch schon zu sehen: eine Hebamme, die in den Evangelien nicht erwähnt wird – und auch nicht im Alten Testament vorkommt.)

Hildesheim, Hohe Domkirche Bernwardstür: Geburt Christi dat. 1015
Foto: Dom- und Diözesanmuseum Hildesheim (Tomio)

Krippe, Ochs und Esel

Sind sie nicht besonders rätselhaft, urtümlich und fremdartig? In der Geburtsgeschichte des Neuen Testaments (Lukas 2, 7) ist von einer Krippe die Rede. Aber woher kommen Ochse und Esel? – Man ist so weit gegangen, Anleihen von orientalischen Stierkulten und kleinasiatischen Mysterienreligionen zu vermuten. Aber die Tiere stammen, zusammen mit der Krippe in der Weihnachtsszene, nicht aus heidnischen Kulten, sondern direkt aus dem Alten Testament.
Jesaja 1, 3 lautet:

> *"Ein Ochse kennt seinen Herrn*
> *und ein Esel die Krippe seines Herrn;*
> *aber Israel kennt's nicht*
> *und mein Volk versteht's nicht."*

Die Tiere an der Krippe werden zum Bild für die, die ihren Herrn kennen und sich beim Kommen Gottes um ihn versammeln.
In der verbreiteten Septuaginta-Übersetzung, der Bibel des griechi-

schen Judentums, wurde Habakuk 3,2 falsch und daher rätselhaft aus dem hebräischen ins griechische übersetzt:

> "Inmitten zweier Tiere wirst du dich offenbaren."

Generationen griechisch lesender Bibelleser rätselten an dieser Stelle herum. Mußte nicht jeder, der Ochs und Esel sah, an diese Ankündigung der Offenbarung Gottes denken? Der richtige Text, wie Luther ihn direkt aus dem Hebräischen übersetzte und wie er in der lateinischen Vulgata steht, bedeutet etwas anderes, aber auch Bedeutsames:

> "Inmitten der Jahre wirst du dich offenbaren".

– heute wird übersetzt:

> "Herr, ich habe die Kunde von dir gehört, ich habe dein Werk gesehen, Herr! *Mache es lebendig in naher Zeit, und laß es kundwerden in naher Zeit.*"

Krippe, Ochs und Esel zeigen eindeutig, *wer* geboren ist. Schon Origines (185–254) deutet Ochs und Esel in Bezug auf Jesaja 1,3. Ochse und Esel werden zugleich allegorisch gedeutet[10], z.B. der Ochse als Bild der unter dem Joch des Gesetzes herkommenden Judenchristen, der Esel als die Christen aus der Heidenwelt.

Der Stern

Astronomisches

Sicherlich war der Stern von Bethlehem kein Komet. Ein Komet wäre wohl eher als Vorzeichen von Unglück angesehen worden.

Johannes Kepler (*27.12.1571 +27.11.1630) postulierte nach der Beobachtung einer entsprechenden Konjunktion im Jahre 1604 und 1605 n. Chr., auch der "Stern von Bethlehem" sei eine besondere, sehr seltene Konjunktion von Jupiter und Saturn gewesen.[11];

Neun Monate lang sollen sie eng beieinander gewandert sein, dreimal, am 29. Mai, am 3. Oktober und am 5. Dezember im Jahre 7 vor Christus hätten sie direkt nebeneinander im Sternzeichen der Fische gestanden, da wo die Flosse des östlichen Fisches rechts unter dem Sternbild Widder zu sehen ist. Saturn galt als der Planet der Juden, Jupiter als Herrscher- und Glücksplanet. Auch "Widder" und die "Fische" galten als in besonderer Beziehung zum jüdischen Volk stehend. Eine solche Konjunktion, die in einem Jahrtausend einmal auftritt, konnte und mußte, so sagen die Anhänger der Stern-Theorie, als

Priscilla-Katakombe (Camera della Velatio)
Bileam und Maria mit dem Jesuskind (230 – 240 n. Chr.)

Zeichen, daß in Judäa ein neuer Herrscher auftritt, gedeutet werden. Südwestlich von Jerusalem sei dies Ereignis im Jahre 7 vor Christus am Sternenhimmel zu sehen gewesen, über Bethlehem.

Biblisches

Jedoch ist der Stern, der in der Ikonographie des Weihnachtsfestes so wichtig ist, ein anderer. Den Christen ging es um die Erfüllung einer alttestamentlichen Verheißung. Dort war geschrieben: Der (heidnische) Prophet Bileam, gerufen, das Volk Israel zu verfluchen, konnte nicht anders, als es zu segnen und zu weissagen:

> *"Es wird ein Stern aus Jakob aufgehen*
> *und ein Zepter aus Israel aufkommen."*
> *(4. Mose 24, 17).*

Darum heißt es denn im Neuen Testament:

> *"Da sie den Stern sahen,*
> *wurden sie hoch erfreut" (Matthäus 2, 10)*

Die Stadt

Bethlehem ist die Stadt Davids. Auch sie stammt, wie der Wink der Maria mit der Bibel uns gezeigt hat, aus dem Alten Testament.

Beim Propheten Micha heißt es im Kapitel 5,1:

> *"Und du, Bethlehem Efrata, die du klein bist unter den Städten in Juda, aus dir soll mir der kommen, der in Israel Herr sei, dessen Ausgang von Anfang und von Ewigkeit her gewesen ist."*

Lange bevor es ein offizielles Weihnachtsfest gibt, bevor also ein Festtermin oder gar ein genaues Jahr feststeht, wallfahrteten Christen und Heiden schon zur Geburtshöhle in Bethlehem. Hier machte sich das Gedenken und die gottesdienstliche Feier der Christgeburt sicherlich schon sehr früh fest.

Bereits 155 werden Höhle und Krippe in Bethlehem von Justin (+ als Märtyrer zwischen 163 und 167) erwähnt. Schon im zweiten Jahrhundert pilgerten Christen nach Bethlehem, um den Ort der Geburt mit eigenen Augen zu sehen. Origines (*185 +254) schreibt im Jahre 248:

> "daß jeder in Bethlehem, sogar der Heide, die Höhle, worin Christus geboren, und darin die Krippe, worin er in Windeln gelegen, zeigen kann."

Es gab also schon früh ein ausgesprochenes Interesse an dem konkreten Ort der Geburt Jesu.
In einem modernen Bericht des Theologen und Archäologen Karl-Erich Wilken heißt es über den Besuch in einer der bethlehemitischen Stallhöhlen, die mit dem Wohnraum direkt verbunden waren:

> "Als ich später wieder einmal auf dem Hirtenfeld war, lernte ich das Hirtenleben in einer solchen Höhle kennen. Eine kleine Steinmauer trennte in ihr den strohbedeckten Aufenthaltsraum der Familie von der Lagerstätte der Herde. In einer aus Lehm geformten Krippe lag ein drei Tage altes Kind, das man nach landesüblicher Art fest in Tücher gewickelt hatte. Fast alle Hirten von Bethlehem sind in einer Stallhöhle geboren und haben als Kinder in einer Lehmkrippe gelegen."[12]

Es ist schwer vorstellbar, daß in Bethlehem von den frommen Pilgern nicht schon besondere Gottesdienste gefeiert wurden, in denen bereits der Geburt des Herrn gedacht wurde.
An der Stelle der Geburtshöhle ließ die Hl. Helena, die Mutter Konstantins des Großen, 335 eine Basilika erbauen[13]. Die überzeugte und bekennende Christin benutzte ihre Möglichkeiten als Mutter des (noch nicht getauften) Kaisers, um ihre christliche Religion, so gut sie es verstand, zu unterstützen und zu fördern. Besonders interessierte sie sich für das heilige Land. Eine Inspektionsreise durch Syrien und Palästina verband sie mit einer persönlichen Pilgerfahrt. In Bethlehem überdeckten inzwischen die von Kaiser Decius (249–251) gestifteten Kultanlagen zu Ehren der Venus und des Adonis die Geburtsstätte. Solche Bauten waren wohl zur Schändung der heiligen Stätten in Bethlehem und Jerusalem bestimmt. Decius war ja Veranstalter der ersten allgemeinen Christenverfolgung. (Möglicherweise stammten die Anlagen aber auch schon von Kaiser Hadrian, 117–138, der sich ebenfalls als Gegner des Christentums profiliert hatte). Für die Christin Helena waren diese Bauten ärgerlich und beleidigend, wie an Kaiser Konstantin berichtet wurde. Sie forderte ihn auf, die Geburtsgrotte in Bethlehem den christlichen Pilgern ebenso zugänglich zu machen wie das Heilige Grab in Jerusalem.
Konstantin baute die Kirche in Bethlehem als Zweckbau, nach dem Muster römischer Markthallen (Basiliken). Später kam Glanz dazu: Schon Hieronymus berichtet von einer geschmückten, silbernen Krippe. 570 gibt es in Bethlehem eine reichgeschmückte Krippe an Stelle der in Bethlehem üblichen lehmgemauerten Krippen.

3. Wie die frühe Kirche Weihnachten feierte

Bei Faijum in Ägypten wurde ein Papyrusstreifen gefunden, dem wir entnehmen können, wie in Ägypten und wohl überhaupt im Osten der Weihnachtsgottesdienst um 300 gefeiert wurde. Es handelt sich um eine Art Liedblatt für den Chor der Gemeinde.
Gebrauchsspuren auf dem Papyrus-Liedblatt zeigen, daß es viel und lange benutzt wurde. Auf die Lesungen, die der Geistliche vorlas, antwortete der Chor, so hat man diesen Streifen gedeutet. Vier Zeilen, anscheinend drei kurze Strophen des Antwortliedes sind uns überliefert. Es scheint nichts zu fehlen.
Genau wie heute unterbricht die Gemeinde in der Christmette mit Liedern die Lesung des Weihnachtsevangeliums. Es handelt sich wohl um die älteste erhaltene Weihnachtsliturgie, jedenfalls um das älteste erhaltene Liedblatt von einer Christmette.[14]

† ογεννηθησεβηθλεεμκαιανατραφεισενναζαρετκατηγγησασεντοικαλιλεα
ηταμεσιμιωνεξουρανουϊϊωαστερωσφαεντωσπημεναισακκραυρουντεσ
εθαυμασανουγονηπεσουντεσελεγανδοξατοπατριαληλουηα
δοξατουιωκαιτοαγιωπνεματιαληλουηααληλουηααληλουηα

Um sich vorstellen zu können, wie die vier Zeilen des Liedblattes vielleicht benutzt wurden, schlage ich vor, einmal das Weihnachtsevangelium "einzusetzen", wie es noch heute in der Weihnacht seit alters gelesen wird:

> "1. Es begab sich aber zu der Zeit, daß ein Gebot von dem Kaiser Augustus ausging, daß alle Welt geschätzt würde. 2. Und diese Schätzung war die allererste und geschah zur Zeit, da Quirinius Statthalter in Syrien war. 3. Und jedermann ging, daß er sich schätzen ließe, ein jeder in seine Stadt. 4. Da machte sich auf auch Josef aus Galiläa, aus der Stadt Nazareth, in das jüdische Land zur Stadt Davids, die da heißt Bethlehem, weil er aus dem Hause und Geschlechte Davids war, 5. damit er sich schätzen ließe mit Maria, seinem vertrauten Weibe; die war schwanger. 6. Und als sie dort waren, kam die Zeit, daß sie gebären sollte. 7. Und sie gebar ihren ersten Sohn und wickelte ihn in Windeln und legte ihn in eine Krippe; denn sie hatten sonst keinen Raum in der Herberge.

Zeile 1/Chor:

Geboren ist er zu Bethlehem,
Erzogen wurde er zu Nazareth,
Gewohnt hat er in Galiläa. –

8. Und es waren Hirten in derselben Gegend auf dem Felde bei den Hürden, die hüteten des Nachts ihre Herde. 9. Und der Engel des Herrn trat zu ihnen, und die Klarheit des Herrn leuchtete um sie; und sie fürchteten sich sehr. 10. Und der Engel sprach zu ihnen: Fürchtet euch nicht! Siehe, ich verkündige euch große Freude, die allem Volk widerfahren wird; 11. denn euch ist heute der Heiland geboren, welcher ist Christus, der Herr, in der Stadt Davids. 12. Und das habt zum Zeichen: ihr werdet finden das Kind in Windeln gewickelt und in einer Krippe liegen. 13. Und alsbald war da bei dem Engel die Menge der himmlischen Heerscharen, die lobten Gott und sprachen: 14. Ehre sei Gott in der Höhe und Friede auf Erden bei den Menschen seines Wohlgefallens.

Zeile 2/Chor:

Wir haben gesehen
ein Zeichen vom Himmel des leuchtenden Sterns,
Hirten auf dem Felde weidend.

15. Und als die Engel von ihnen gen Himmel fuhren, sprachen die Hirten untereinander: Laßt uns gehen nach Bethlehem und die Geschichte sehen, die da geschehen ist, die uns der Herr kundgetan hat. 16. Und sie kamen eilend und fanden beide, Maria und Josef, dazu das Kind in der Krippe liegen. 17. Als sie es aber gesehen hatten, breiteten sie das Wort aus, das zu ihnen von diesem Kinde gesagt war. 18. Und alle, vor die es kam, wunderten sich über das, was ihnen die Hirten gesagt hatten. 19. Maria aber behielt alle diese Worte und bewegte sie in ihrem Herzen. 20. Und die Hirten kehrten wieder um, priesen und lobten Gott für alles, was sie gehört und gesehen hatten, wie denn zu ihnen gesagt war.

Zeile 3 und 4/Chor:

Sie erstaunten, fielen auf die Knie und sangen:
Ehre dem Vater. Halleluja.

Ehre dem Sohn und dem Heiligen Geist.
Halleluja. Halleluja. Halleluja.

4. Weihnachten: der Name

In den ältesten griechischen und lateinischen Quellen heißt das Fest "Geburtstag unseres Herrn Jesus Christus" (lateinisch: natalis, nativitas Domini). Davon stammt in den romanischen Sprachen: Natale, Navidad, Noel. Das englische "christmas" deutet wie das niederländische "kerstmis" auf den Gottesdienst zur Christgeburt.
Unser deutsches Wort *Weihnachten* ist nun "ganz anders". Oft wird geglaubt, "Weihnachten" sei ein Plural und beziehe sich auf irgendwelche "geweihten Nächte". "ze den wihen nahten" laute dies geheimnisvolle heidnische Wort ursprünglich. Aber daß eine falsche Behauptung immer wieder wiederholt wird, macht sie noch lange nicht wahr. Bisher konnte das Wort nirgends in "heidnischem" Gebrauch belegt werden.
Der erste Beleg für das Wort "Weihnachten" findet sich im Mittelhochdeutschen, in der Einzahl bei dem bayrischen Spruchdichter Spervogel, in einem Gedicht von 1190. Es hat den Wortlaut:

> *"Er ist gewaltic unde starc,*
> *der ze wîhen naht geborn wart:*
> *daz ist der heilige krist.*
> *jâ lobt ihn allez, das er ist.*
> *niewan der tievel eine*
> *durh sînen grôzen übermout*
> *sô wart îme diu helle ze teile."*
>
> (nur der Teufel nicht, durch seinen großen Übermut wurde ihm die Hölle zu teil).

Wie hier eine heidnische Herkunft des Wortes behauptet werden kann, ist rätselhaft. Es gibt keinen entsprechenden Beleg für eine frühere Verwendung des Wortes in anderem Zusammenhang. Es ist auch nicht von Nächten, sondern von einer, der "Weihenacht" oder der "Nacht der Weihe" die Rede. Möglicherweise handelt es sich um den Versuch, das lateinische nox sancta = geweihte Nacht wiederzugeben.

II.

5. Zeit der Vorbereitung: von Advent bis Heiligabend

Adventszeit

Die Adventszeit beginnt heute zwischen dem 27. November und dem 3. Dezember vier Sonntage vor Weihnachten. Der letzte Adventssonntag kann der 24. Dezember, Heiligabend, sein. Je nachdem kann die Adventszeit mit immer vier Adventssonntagen vier oder nur drei Wochen umfassen. Heute wird die Adventszeit von vielen als bloße "Vorweihnachtszeit" empfunden. In den Straßen und Geschäften herrscht Vorweihnachtstrubel. Vielfach ist schon ab "Totensonntag" weihnachtlicher Schmuck zu sehen. Manche genießen diesen Trubel und werden erst unruhig, wenn das Fest selbst beginnt und die Läden endlich geschlossen haben.

Schöner ist es, wenn man die Adventszeit als Vorbereitungszeit auf das Weihnachtsfest wenigstens zu Hause still und ruhig hält. Dies kann gelingen, wenn man sich selbst, die ganze Familie und die Wohnung auf das Weihnachtsfest vorbereitet, beim Hausputz und weihnachtlichem Schmücken der Wohnung. Das Weihnachtsgebäck muß gebacken werden, Weihnachtsgeschenke und Weihnachtspost werden besorgt, Jahresabschlußarbeiten können noch vor den Festtagen erledigt werden. Wenn wir zu Beginn der Adventszeit eine Liste aller bei uns nötigen Erledigungen machen, und darauf achten, daß die nervenaufreibenden Dinge (Geschenke kaufen z.B.) ganz zu Anfang abgehakt werden, gewinnen wir den Atem, bei Bastelei, Aufräumen oder dem Backen mehr und mehr zu uns selbst zu kommen. Es wäre schön, wenn uns die gut genutzte Vorbereitungszeit frei macht. Unerledigte Dinge sollen uns nicht mehr davon abhalten können, an den kommenden Feiertagen nur das Fest zu feiern.

Advent – Vorbereitung auf das Fest der Christgeburt
Unsere Adventszeit hat zwei Wurzeln. Eine griechische, in der es um die innerliche Vorbereitung auf das Fest der Christgeburt geht; in Rom kommt es zu einer Betonung der Adventssonntage durch die Lesung von Evangelientexten, in denen es um die *Menschwerdung* des Gottessohnes und damit auch um die Rolle der Maria als seiner Mutter geht (besonders am 4. Sonntag).
Die andere Wurzel ist noch früher in Spanien und Gallien im 4. Jahrhundert zu finden: Hier beginnt die Adventszeit eigentlich schon mit dem Martinstag am 11. November, an dem im gallisch-irischen Missionsgebiet eine achtwöchige Fastenzeit begann. Inhaltlich ging es um die Betonung der *Ankunft des Messias*. Daher bestimmen eschatologische (endzeitliche) Ideen den Charakter der Sonntage. Advent (lateinisch, von advenire=ankommen) bedeutet "Ankunft". Es geht um die Ankunft Gottes, das Kommen des Gottessohnes zu den Menschen. Das lateinische "Advent" hat die gleiche Bedeutung wie das griechische "Epiphania": Ankunft der Gottheit im Tempel, erster offizieller Besuch des Herrschers, Thronbesteigung des Kaisers. Im christlichen Zusammenhang bedeutet es "Ankunft Christi im Fleisch". Es ist auch Bezeichnung seiner erhofften Wiederkunft, seines Herrschaftsantritts. Eingerichtet wurde die Fastenzeit wohl zur langfristigen Vorbereitung neuer Taufbewerber auf einen Tauftermin, der am 6. Januar lag. Dies ist ein Datum, an dem außer der Christgeburt auch die Jordantaufe Jesu Thema der Lesungen war; daher war dies in alter Zeit ein beliebter Tauftermin. Diese Fastenzeit beginnt zwar sehr früh; es sind aber dennoch nur 40 Fasttage. Weil in dieser alten Zeit am Sabbat *und* am Sonntag nicht gefastet wurde, brauchte man, um bei fünf Fasttagen pro Woche auf vierzig Tage zu kommen, 8 Wochen. (Vergleiche die Fastenzeit vor Ostern, die heute erst am Aschermittwoch beginnt und bis Ostern führt. Nur am Sonntag wird nicht gefastet.)

Das Vorspiel: Der Martinstag am 11.11.

Wie vor der Osterfastenzeit gibt es einen Tag, an dem noch einmal richtig gegessen wird: den 11. November. In den Gegenden, in denen es eine Karnevals- oder Faschingstradition gibt, wird der Martinstag wie der Fastnachtsdienstag vor Aschermittwoch gefeiert. Die alte Bedeutung als Rechts- und Zinstermin, Handels- und Lostag hängt damit zusammen, daß viele Aktivitäten in der mit dem Martinstag beginnenden Fastenzeit nicht mehr zulässig waren. Daher erfolgten zu diesem Termin Almabtrieb, Lohnzahlung und Zinsablieferung. Auch das Gesinde erhielt vielerorts seinen Jahreslohn. Deshalb war der 11.11. auch Tag des Stellenwechselns. Der allgemeine Wirtschaftstermin war zugleich der Tag, an dem auch die Armen ihren Anteil "heischen" konnten (u.a. mit Verweis auf den wohltätigen Hl. Martin, s.u.). Dabei wurden Heischesprüche und Lieder verwandt wie:

> "Hier wohnt ein reicher Mann, der uns viel geben kann.
> Vieles soll er geben, lange soll er leben,
> selig soll er sterben, das Himmelreich erwerben."

Auch Martinslieder wurden bei dieser Gelegenheit gesungen.

Erst seit dem 2. Weltkrieg sind in Deutschland Laternenumzüge zum Martinstag neu in Brauch gekommen, die heute mit hilfreichen Sammelaktionen (Brot für die Welt, Misereor, Adveniat, diakonische Zwecke) verbunden werden und damit auch an die Martinslegende (Mantelteilung) anknüpfen. Manche Kirchengemeinden nutzen den Tag zu einer fröhlichen ökumenischen (gemeinsamen) Prozession der evangelischen und katholischen Kirchengemeinden. Für viele Kindergärten ist der abendliche Laternenumzug der Höhepunkt im Herbst. Eltern und Kinder ziehen um den Block des Kindergartens. Kommen Kinder mit ihren Laternen und Liedern an unserem Haus vorbei, können wir ihnen Äpfel, Nüsse oder süßes Gebäck schenken. Dafür müssen sie aber ein Extra-Lied singen!
Die an Martini an Kinder verschenkte "Weckenmännlein" sind übrigens kein "heidnisches Gebildbrot", sondern Martinsabbilder. Die oft eingebackene Tonpfeife ist ein mißverstandener Bischofsstab.
Ein kleines Lagerfeuer, ein Punsch oder Glühwein für die Eltern beenden den Abend. Auch die Lichtbräuche des Martinstages (Laternenumzug usw.) hängen –im Gegensatz zu populärwissenschaftlichen Darstellungen– nicht mit "heidnischen Überresten", sondern mit dem altkirchlich für den Tag festgelegten zu lesenden Evangeliumsabschnitt Lukas 11, 33 ff. zusammen: "Niemand zündet ein Licht an und setzt es in einen Winkel, auch nicht unter einen Scheffel, sondern auf den Leuchter, damit, wer hineingeht, das Licht sehe..." usf.
Martin wurde 316 in Ungarn als Sohn eines römischen Offiziers geboren, wurde mit 15 Soldat und ließ sich mit 18 taufen. Er trat daraufhin aus der römischen Armee aus. In Gallien wurde er 372 in Tours zum Bischof geweiht. Am 8. November ist er gestorben, der

11.11. 397 sein Begräbnistag. Bekannt ist die Geschichte von seiner Freundlichkeit: Er teilte seinen Mantel mit einem Bettler.
Zum Martinstag gibt es auch für Erwachsene einen Grund zu feiern und Gäste einzuladen: den berühmten Gänsebraten. Die Martinsgans ist kein "germanischer heiliger Vogel", sondern eine der Naturalabgaben (Steuern) an diesem Tage. Sie ist aber auch ein schöner Braten vor dem nun einsetzenden Fasten. Wer seine Gans nicht aus der Kühltruhe kaufen will, sondern beim Bauern, sollte sie rechtzeitig aussuchen – am besten zusammen mit der Weihnachtsgans schon am 24. August (St. Bartholomäus). Ob man die Gans am Vorabend, am Martinstag selbst oder am nächstliegenden Sonntag (Gänsesonntag) ißt – das bleibt der Hausfrau oder dem Hausmann überlassen, und hängt auch damit zusammen, wann es den Gästen paßt, die man einladen will.

Feste feiern im Spätherbst

Zur Vorbereitung des Weihnachtsfestes kann man das "Feste feiern" auch üben. Am besten mit kleineren Festen. Man kann sogar Feste selbst erfinden. Am 3. Oktober 1782 schrieb Matthias Claudius zu dieser Frage:

> "Du weißt, daß in jeder gut eingerichteten Haushaltung kein Festtag ungefeiert gelassen wird, und daß ein Hausvater zulangt, wenn er auf eine gute Art und mit einigem Schein des Rechtes einen neuen an sich bringen kann. So haben wir beide, außer den respektiven Geburts- und Namenstagen, schon verschiedene andre Festtage an unsern Höfen eingeführt, als das Knospenfest, den Widderschein, den Maimorgen, den Grünzüngel, wenn die ersten jungen Erbsen und Bohnen gepflückt und zu Tisch gebracht werden sollen, und so weiter."

Aber dies sind natürlich neben allen anderen noch nicht genug Feste. Daher kam es zur Erfindung eines weiteren Festes, das ich den Leserinnen und Lesern wärmstens empfehle:

Der Herbstling

> "Der Herbstling ist nur kurz, und wird mit Bratäpfeln gefeiert. Nämlich: wenn im Herbst der erste Schnee fällt, und darauf muß genau achtgegeben werden, nimmt man soviel Äpfel als Kinder und Personen im Hause sind und noch einige darüber, damit, wenn etwa ein Dritter dazu käme, keiner an seiner quota gekürzt werde, tut sie in den Ofen, wartet, bis sie gebraten sind, und ißt sie denn.

So simpel das Ding anzusehen ist, so gut nimmt sich's aus wenns recht gemacht wird. Daß dabei allerhand vernünftige Diskurse geführt, auch oft in den Ofen hineingeguckt werden muß usw., versteht sich von selbst. Und soviel vom Herbstling. (...)
Lebe wohl, lieber Andres, und feire fleißig alle Festtage und heilige Abende, bis der rechte heilige Abend anbricht." [15]

Andreastag (30. November)
Manche Laternen- und Kinderumzüge werden erst am Tag vor dem 1. Dezember veranstaltet. In Jena gab es noch zu Beginn der siebziger Jahre einen Heischespruch, der sich auch zum Einsatz am 6. Januar eignete:

"Ich bin der kleine Andreas, liebe Leute, gebt mir was.
gebt mir nicht so wenig, ich bin der kleine König.
Laßt mich nicht so lange stehn, ich will ein Häuschen weiter gehn.
(Mitgeteilt Weihnachten 1991 in Potsdam)

Der letzte Tag vor dem Dezember ist auch ein "Lostag", an dem Mädchen bis heute besondere Orakelbräuche (Schuhwerfen, Holzscheit ziehen, Apfelschalenorakel usw.) pflegen, um herauszubekommen, wer wohl der Bräutigam sein wird. Das hängt einerseits zusammen mit dem Namen des Hl. Andreas (Andreios griech.= der männliche) "außerdem hieß es in der Antiphon der Laudes (=der Kehrgesang der Morgenandacht –T.G.) an seinem Tag: 'concede nobis dominum iustum!'"[16] – was als "Gib uns einen gerechten Hausherrn" verstanden wurde.

1. Adventssonntag

Der 1. Advent ist der Beginn des Kirchenjahres, d.h. der Beginn der biblischen Lesungen in der Kirche "von vorne", und zugleich "offiziell" Beginn der Vorweihnachtszeit.
Vorgelesen wird nach der alten römischen Ordnung als Evangelium des Sonntags meist der Einzug Jesu in Jerusalem, der Einzug des Messias (Matthäus 21,1–9). Es ist dieselbe Geschichte, die auch am Sonntag vor Ostern (Palmarum) aus dem Johannesevangelium 12, 12–19 gelesen wird.
Jetzt beginnt das Basteln und Einpacken von Geschenken, das Backen von Weihnachtsgebäck und Kuchen, das Schreiben von Weihnachtsbriefen und Neujahrskarten (je früher, desto besser). Wo Kinder sind,

wird vielleicht an einem Abend in der Woche, aber auf jeden Fall an den Adventssonntag-Nachmittagen eine "gemütliche Stunde" bei Kerzenschein sein. Der Vater oder ältere Kinder können vorlesen, jüngere basteln. Dazu gibt es Adventspunsch (schwarzer Tee mit Obstsaft, Nelken, Zimt, Zitrone und Orangen) und als Kostproben erstes Weihnachtsgebäck (z.B. die beim Backen zerbrochenen Kekse). Auch wer allein lebt oder keine Kinder hat, darf und sollte sich solche Zeit der Ruhe und Besinnung nehmen. Vielleicht kann man an den Sonntagnachmittagen auch Freunde einladen oder besuchen.

Adventskranz

Am Morgen des 1. Adventssonntages wird beim Frühstück die erste Kerze am Adventskranz angezündet. – Ein Adventskranz wird aus Tannen- oder Fichtenzweigen auf einem Strohkranz gebunden. Eigentlich (s.u.) muß der Kranz, am besten an roten Bändern, von der Decke hängen, da, wo sonst vielleicht eine Lampe hängt. Auf den Kranz werden vier Kerzen gesteckt. Jeden Sonntag wird eine Kerze mehr angezündet.

Der Adventskranz ist eines der neuesten Attribute der Vorweihnachtszeit. Als Lichterkranz hatte er zunächst eine eher pädagogische als symbolische Aufgabe: "Erfunden" wurde er nämlich von Johann Hinrich Wichern (* 21.4.1808 + 7.4.1881), dem Begründer der Diakonie, im Rauhen Haus in Hamburg, einem Jugenderziehungsheim, in der Mitte des vorigen Jahrhunderts. Hier wurden die Tage vor Weihnachten durch Lichter auf einem großen Kranz an der Decke abgezählt. Für die Sonntage standen große, für die Werktage kleine Kerzen auf dem Kranz.[17] Jeden Tag wurde eine Kerze mehr angezündet. Als der Brauch aus den Heimen und Schulen der Diakonie in die (meist wöchentlich nur einmal geöffneten) ev. Kirchen wanderte, wurden aus den bis zu 28 Kerzen die vier Kerzen für die vier Adventssonntage. Damit, mit seiner Einwanderung in die Kirche und seiner Umgestaltung für die Benutzung im Gottesdienstraum hatte der Adventskranz aber eine "klassische" schlichte Einfachheit gewonnen, die ihn zu einem beliebten, aber nun auch beliebig interpretierbaren, allgemeinen Weihnachts- und Adventssymbol machte. Durch die Jugendbewegung verbreitete er sich in alle, auch nichtkirchlichen Bevölkerungskreise und zog hier nun auch neue Deutungen (Sonnenrad, Vier Jahreszeiten etc.) an sich, mit denen er nun aber eigentlich garnichts zu tun hat.

Adventskalender

Egal wie die Adventssonntage liegen, am 1. Dezember fangen die Adventskalender an. Der Münchner Gerhard Lang druckte 1903 die ersten Adventskalender. Heute sind dies mit aufklappbaren Pappfenstern versehene Bilderbogen, die vom 1.12. bis 24.12. Bilder mit verschiedenen, teilweise biblischen Themen, freigeben.
Es gibt aber auch mit Schokolade oder kleinen Geschenken gefüllte Adventskalender. Dieses ursprünglich rein "kommerzielle" Adventszeitzubehör können wir mit den Kindern z.B. aus 24 zusammengeklebten Streichholzschachtel selbst basteln. Der Phantasie bei der Konstruktion dieses Hilfsmittels zum Zählen der Tage vor Weihnachten sind keine Grenzen gesetzt.

Barbaratag, 4. Dezember

Barbarazweige schneidet man am Barbaratag von Kirschbäumen oder anderen Obstbäumen; man sucht dazu möglichst äußere Zweige mit vielen Blütenknospen aus und schneidet sie mit einer Gartenschere ab. Mit einem scharfen Messer schneidet man die Zweige schräg an und duscht sie in der Badewanne lauwarm ab. Dann stellt man sie in einer großen Vase ins Wohnzimmer. In einem nicht allzuwarmen Zimmer treiben die Knospen, und die Zweige fangen etwa zu Weihnachten an zu blühen, wenn man das Wasser regelmäßig wechselt und die Zweige bei der heute meist trockenen Zentralheizungsluft täglich mit lauwarmem Wasser besprüht (Bügelwasserspritze).
Der biblische Grund dieses Brauches ist ein Evangeliumstext, der in der katholischen Kirche am 1. Adventssonntag gelesen werden kann; dieser Text ist in der evangelischen Kirche am 2. Adventssonntag das Hauptevangelium (Luk 21, 25–33). Die Verse 29 ff. lauten:

> *"Seht den Feigenbaum und alle Bäume an: wenn sie jetzt ausschlagen und ihr seht es, so wißt ihr selber, daß jetzt der Sommer nahe ist. So auch ihr: wenn ihr seht, daß dies alles geschieht, so wißt ihr, daß das Reich Gottes nahe ist".*

Von diesem Inhalt her ("Zeichen der Zeit!") ist auch der Barbaratag zu einem Lostag mit allen möglichen Vorhersagen geworden.
Barbara gilt als Bergmannsheilige und eine der 14 Nothelfer. Als Tochter eines heidnischen Vornehmen wurde sie in Nikomedien geboren. Die Mutter starb früh. Vom Vater wurde sie wegen ihrer Schönheit in einem Turm eingeschlossen. Nachdem sie sich gegen den

Willen des Vaters taufen ließ, soll er sie 306 eigenhändig getötet haben.

Nikolaustag, 6. Dezember

Nikolaus wird in der Nacht vor seinem Tag mit Stroh für sein Pferd begrüßt. Die Kinder legen das Stroh vor das Haus oder außen auf das Fensterbrett. Am nächsten Morgen ist das Stroh fort. Ein Teller, den die Kinder innen auf das Festerbrett stellen, ist mit Süßigkeiten gefüllt.
Heute kommt in Kindertagesstätten und Familien oft am Vorabend oder Abend des Nikolaustages ein Nikolaus, der in den katholischen Gegenden Deutschlands und der Niederlande wie ein richtiger katholischer Bischof mit Mitra und Krummstab aussieht, in evangelischen Gegenden aber nur noch am rotem Bischofsmantel als Bischof Nikolaus zu erkennen ist. (Besorgte Eltern bestehen darauf, daß sich der Ziwi des Kindergartens in Anwesenheit der Kinder umzieht, damit sie nicht zusehr erschreckt werden, was ich für übertrieben halte). Nikolaus sollte die Kinder nicht ängstigen, sondern sich vielleicht von allen ein Lied vorsingen lassen und dann die Kinder mit Nüssen, Süßigkeiten und kleinen Geschenken belohnen.

Nikolausstiefel
Besondere Spekulationen über Hintergründe im Fruchtbarkeitskult sind an die "Nikolausstiefel" geknüpft worden. Jedoch ist die Herkunft eine ganz andere, wie dies Kindergebet aus dem 15. Jahrhundert aus dem Kloster Tegernsee zeigt:

> "Heiliger St. Nikolas, in meiner Not mich nit verlaß
> kombt heint zu mir und leg mir ein in mein kleines Schiffelein;
> darbay ich Ewer gedenkhen kann, das jr seit ein frommer Mann" [18]

Nikolaus ist der Heilige der Seefahrer. In manchen Gegenden läßt man auch zu seinem Tag erleuchtete Schiffchen abends auf dem Bach schwimmen. In den meisten Gegenden sind aus den Schiffchen inzwischen Schuhe geworden, die man abends vor die Türe stellt und die am Morgen mit Nüssen und Süßigkeiten gefüllt sind, wenn Nikolaus da war. Die Kinder in Norddeutschland, aber wohl auch in Holland, füllen am Nikolausabend ihre sauberen Holzschuhe mit Heu und Mohrrüben als Futter für das Pferd des Nikolaus und stellen sie auf das Fensterbrett. Daneben wird eine Schüssel mit Wasser gesetzt. Am Morgen stehen sie früh auf, um zu sehen, ob St. Nikolaus dagewesen ist. Da nicht jeder passende "Oderkähne" als Schuhe hat (wie man in Berlin sehr große Schuhe nennt) haben manche Kinder lieber die größeren Schuhe der Eltern oder am besten gleich Stiefel vor die Tür gestellt. So ist es wohl zu den Nikolausstiefeln gekommen.

Der heilige Nikolaus

Manchesmal wird Nikolaus bei uns begleitet von Knecht Rupprecht oder dem Krampus. So wie der Nikolaus die Bildung und die Frömmigkeit vertritt und belohnt, verkörpern sie das Ungebändigte, Wilde, müssen dem Heiligen aber doch zu Diensten sein. Die Rute des Nikolaus oder des Krampus ist keine Zauberrute oder Fruchtbarkeitszweig, wie von manchen Brauchtümlern und Neugermanen behauptet, sondern die Zuchtrute des mittelalterlichen Magisters, die wie alle anderen Bräuche am Nikolaustag aus dem Bereich der Schule stammt: Auch Gedichte, Verse müssen ja aufgesagt werden, eine Art Examen findet statt.

Nikolaus von Myra war einer der beliebtesten und wichtigsten Heiligen in Europa. Nikolaus, geboren in Patras in Lykien um 270 ist gestorben als Bischof in Myra um 342. Er wird seit Mitte des 6. Jahrhunderts in Konstantinopel als Heiliger gefeiert. Viele Legenden umgeben ihn in seiner vielseitigen Rolle als Schutzpatron:

* Er ist Schutzpatron der Seefahrer, denn er soll Schiffbrüchige, die vor der lykischen Küste in Unwetter geraten waren, aus der Seenot gerettet haben.
* Er ist Schutzheiliger der Schüler. In der Legende heißt es: 3 Schüler, die ein habgieriger Gastwirt tötete und einpökelte, nachdem er sie beraubt hatte, wurden von Nikolaus gerettet und wieder zum Leben erweckt.
* Er ist Freund der armen Kinder: Drei Mädchen waren, so heißt es in einer anderen Legende, vom armen Vater zur Prostitution bestimmt, weil er ihnen keine Aussteuer geben konnte. Bei Nacht warf Nikolaus den dreien je einen Beutel mit Gold ins Haus und ermöglichte ihnen dadurch die Ehe. Wohl aus dieser Legende entwickelte sich der Brauch, den 6. 12. zum Geschenktag für Kinder zu machen.

Ein auch in evangelischen Gegenden heute noch anzutreffender rauher Brauch ist es, daß der Vater, bevor er noch im Dunkeln zur Arbeit geht, die armen Schulkinder am Nikolausmorgen mit großem

Gepolter weckt und ihnen dazu ein Säckchen mit Nüssen vor dem Bett ausschüttet und ungesehen verschwindet.
Theophanu, die griechische Frau des Kaisers Otto II. 983–1002 brachte den Kult ihres Hausheiligen Nikolaus bei der Hochzeit von Byzanz nach Deutschland. Die Überführung seiner Gebeine 1087 nach Bari in Süditalien machten ihn auch im Westen bekannt. Viele der Hauptkirchen in Städten, die nach dem Jahre 1000 in Deutschland gegründet wurden, sind ihm gewidmet ("Nikolai-Kirchen").
Luther verlegte nach Abschaffung der Heiligentage das Brauchtum des 6.12., insbesondere die Bescherung der Kinder, auf Weihnachten (siehe dort unter "Weihnachtsmann"). In vielen Ländern, sogar im evangelischen Holland aber blieb bis heute der 6.12., der Nikolaustag, der eigentliche Geschenktag.

Luzientag, 13. Dezember

In Schweden weckt eine der Töchter am 13.12., dem Luciatag, weißgekleidet, mit einer roten Schärpe und einer Krone mit (fünf oder) sieben Kerzen die älteren Familienmitglieder und serviert ihnen Kaffee und Kuchen auf einem Tablett.
Diese Luziabräuche in Schweden sind erst spät nach Schweden gekommen. Die Verbindung des Luzientages in Schweden mit Lichtbräuchen und Geschenksitten geht möglicherweise darauf zurück, daß in Schweden erst spät (1753) der gregorianische Kalender übernommen wurde, während nach preußischer Rechnung (seit 1610) am selben Tag schon der 25. Dezember war und das "Christkind" kam. Tatsächlich hat auch der Lucientag nach der Reformation Geschenkbräuche des Nikolaustages an sich gezogen und ist von Norddeutschland aus über die Vermittlung der preußischen Oberschicht nach Schweden gewandert.
Luzia stammt aus Syrakus in Sizilien. Ihre Historizität gilt als gesichert, nachdem eine Katakombe mit Grabstelle gefunden wurde. Sie wurde in den diokletianischen Christenverfolgungen als Märtyrerin hingerichtet. Ihre Verehrung ist bereits im 4./5. Jahrhundert nachgewiesen und verbreitete sich von Italien über den gesamten Westen der christlichen Welt. Volksetymologische Ableitung des Namens von "lux" lat.= Licht und die angebliche Verbindung zu heidnischen ("nordischen") Bräuchen sind freie Deutungen.

Quempas-Singen
Quem pastores laudavere ("Den die Hirten lobeten sehre") lautet der Anfang eines bekannten deutsch-lateinischen Weihnachtsliedes. Erst wurde in der Kirche deutsch-lateinisch oder mit verteilten Rollen (z.B. Männer=Hirten, Frauen=Engel) gesungen. Das gemeinsame Singen von Weihnachtsliedern gehört zu den Weihnachtsbräuchen im evangelischen Nord- und Ostdeutschland. Quempashefte hießen die selbstgeschriebenen Liederbücher, die sich die Jugendlichen schön ausmalten. Quempasheft heißt ein heute noch erhältliches Liederbuch mit Weihnachtsliedern.

Quempasheft Titelbild der "Festlichen Ausgabe" aus Anlaß des 500.000 Druckes. Kassel 1938

Weihnachtskiste
In der Adventszeit wird die "Weihnachtskiste" vom Dachboden geholt. Nach und nach tauchen weihnachtliche Figuren in der Woh-

Herrnhuter Stern heißt der seit 1867 bezeugte vielzackige, von innen heute elektrisch zu beleuchtende Stern der Herrnhuter Brüdergemeine, der vom 1. Advent bis zum 6. Januar oder letzten Sonntag nach Epiphanias (ca. 2. Februar) in Wohnungen und außen an Gebäuden leuchtet.

"Da sie den Stern sahen, wurden sie hocherfreut"

Zu beziehen sind diese Sterne heute noch bei der Herrnhuter Sterne GmbH · Oderwitzer Str. 8 · D-02747 Herrnhut

Dort gibt es auch Anleitungen zum Selberbasteln für Sterne mit 64 und 110 Zacken!

nung auf: Der Nußknacker, ein Räuchermännlein, ein schöner Leuchter und "Bergmann und Engel". Auch die "Seiffener Kurrendesänger" werden jetzt aufgestellt.

Kurrendesänger
(von lat. currere: laufen, umherziehen) sind Singegruppen, die umherziehen, um entweder an bestimmten Festen (besonders Weihnachten und Dreikönigstag) an verschiedenen Orten zu singen, oder auch um als Chor den Gesang der Gemeinde bei besonderen Anlässen anzuleiten oder zu ersetzen (Beerdigung, Hochzeit, Gottesdienste außerhalb der Kirche). Bekannt sind die holzgedrechselten Kurrendesänger mit dem Weihnachtsstern aus Seiffen (Erzgebirge).

Weihnachtskarten
Weihnachts- und Neujahrskarten sollte man möglichst früh auf die Post bringen. Am schönsten aber ist es, selber welche zu bekommen, die man auf den Kaminsims oder vor die Bücher im Bücherregal stellen kann. Mehr und mehr bürgert sich der Brauch ein, quer durch das Zimmer eine dünne Wäscheleine oder ein rotes oder goldenes Band zu spannen, über das die Klappkarten gelegt werden oder wo sie mit Wäscheklammern befestigt werden, so daß jeder sie sehen und lesen kann.

6. Weihnachten feiern: von Heiligabend bis Epiphanias

Heiligabend, 24.12.

Der 24. Dezember ist zunächst fast ein Tag wie jeder andere: Viele müssen noch arbeiten, die Geschäfte sind mindestens bis mittags geöffnet. Wie beim Sonnabend, dem Vorabend des Sonntagsfestes, hat das folgende Fest in der Nacht dem ganzen Vortag den Namen gegeben. Es ist eigentlich ein "Fasttag", vielleicht der einzige in der

Adventszeit, bei dem man dies auch in evangelischen Familien merkt: Zum Mittagessen gibt es Linsen oder Kartoffelsalat mit Würstchen oder ein anderes einfaches Gericht. Da das Wohnzimmer gesperrt ist, ist es üblich, in der Küche oder auf dem Flur zu essen.
Die Kinder sitzen in den meisten Familien wahrscheinlich aufgeregt in ihren Zimmern und packen ihre eigenen Geschenke für Eltern, Geschwister und Verwandte ein, üben, ein Gedicht aufzusagen oder werden mit dem Fernseher ruhiggestellt.
Wer Kinder hat, der geht schon früh in die Kirche zur "Christvesper". Die ersten beginnen schon um 14.00 Uhr, obwohl es "Heiliger Abend" oder sogar "Stille Nacht" heißt. Das ist sehr praktisch für Eltern mit kleinen Kindern, hatte aber ursprünglich feuer- und ordnungspolizeiliche Gründe:
Friedrich I. von Preußen (1701–1713) erließ am 18. Dezember 1711 folgende Verordnung.

> "Von Gottes Gnaden, Friedrich, König in Preußen etc. Unsern etc. Weil mit denen Lichter-Cronen auf dem Christabend viel Gaukeley, Kinder-Spiel und Tumult getrieben wird; als befehlen wir Euch hiermit nicht allein solche Christ- und Lichterkronen gäntzlich abzuschaffen, sondern auch die Christ-Messen nicht des Abends, sondern des Nachmittags um 3 Uhr zu halten. Daran geschieht Unser Wille, Und seynd euch mit Gnaden gewogen."[19]

Sein Nachfolger Friedrich Wilhelm I. befahl 1739 sogar,

> "wegen der Christ-Abend-Ahlfanzereien" bei denen "die Leute mit Kronen, oder auch Masken vom Engel Gabriel, Knecht Ruprecht usw. gegangen ... den Tag vor Weihnachten die sämtlichen Kirchen des Nachmittags schließen zu lassen und keine Christabend- und Christnachts-Predigten zu halten."[20]

Die brennend auf Stöcken durch die Straßen getragenen Lichterkronen (Kranz- oder glockenförmige z.T. eiserne Leuchtergestelle voller Kerzen) bedeuteten für die vielen Holzhäuser eine zu große Brandgefahr.
Auch unter Friedrich dem Großen mußte die Militärbehörde 1783 gegen die mit in die Christmette genommenen Lichter einschreiten. Der vernünftige Teil der Einwohner habe schon lange die Abschaffung der

> "läppischen und unanständigen Gebräuche bey der Christmesse gewünscht, da man für dem Geräusch den Prediger nicht hören können, den Gottesdienst am Tage zum Spiel für die Kinder und einige gleich gesinnte alte Leute werden lasse."[21]

Am 13. August 1784 wurde daher verfügt,

> "daß zur Vermeidung aller Unordnungen und Gelegenheit zu Beschwerden die Christ-Messe hier künftig um 2 Uhr angehen solle, damit alles um 4 Uhr abgethan seyn u. also die zur Besorgniß gereichende Anzündung der kleinen Lichte wegfallen möge."[22]

Kinderbescherung

Schon wenn man um 16.00 Uhr aus der Kirche nach Hause geht, ist es recht dunkel. Man kann da und dort hinter den Fenstern die ersten Weihnachtsbäume leuchten sehen. In der eigenen Wohnung aber ist es noch finster. Schön wäre es ja, wenn die Kinder und die Großeltern nun im Kinderzimmer bei einer kleinen Kerze säßen und lesend oder singend "auf das Christkind warten" würden. Oft aber wird diese Wartezeit mit der gleichnamigen Fernsehsendung überbrückt.

Wenn die Eltern alles vorbereitet haben, die Lichter am Weihnachtsbaum angezündet sind und das Weihnachtszimmer gerichtet ist, läutet ein Glöckchen. Manche Familien haben dazu eine Weihnachtsglocke: ein echtes Erbstück, vielleicht auf dem Trödelmarkt erstanden; auch ein Silberlöffel im Weinglas klingt himmlisch. Das Christkind war da. Die Familie, die Kinder zuerst, stellt sich vor der Tür auf. Das jüngste öffnet die Tür: Das Weihnachtsparadies ist wieder offen.

> Mit dem Lied "Ihr Kinderlein kommet..." zieht die Familie ins Weihnachtszimmer ein. (Bei älteren Kindern bietet sich an: "Heut schließt er wieder auf die Tür zum schönen Paradeis..." oder: "Des laßt uns alle fröhlich sein und mit den Hirten gehn hinein..."

Der Christbaum leuchtet. Die Bescherung beginnt. Manche Familien setzen sich zunächst um den Weihnachtsbaum und singen ein Lied:

> "O Tannenbaum...",
> "O du fröhliche, gnadenbringende Weihnachtszeit...",
> "Vom Himmel hoch, da komm ich her..."

In manchen Familien, die nicht in der Kirche waren, wird jetzt die Familienbibel aufgeschlagen und die Weihnachtsgeschichte aus dem 2. Kapitel des Lukasevangeliums gelesen. Vielleicht wird noch ein Lied gesungen oder ein Familienmitglied spielt etwas auf einem Instrument. Jedenfalls sollte man nun die Kinder nicht zu lange zappeln lassen.

Denn da sind sie, die Tische mit den Geschenken und den bunten Tellern mit Süßigkeiten. Dort fährt die Eisenbahn um den Weihnachtsbaum. Hier dreht sich die Weihnachtspyramide aus dem Erzgebirge. Und auf allen Leuchtern brennen Kerzen.

Weihnachtsmann

Luther hatte 1535 die Nikolausbescherung (ursprünglich ein Schultermin mit Nikolausbrauchtum, Bestrafung/Belohnung der Schüler, Bescherung, siehe Nikolaustag) abgeschafft. Statt des heiligen Nikolaus sollte "der Heilige Christ" die Gaben bringen.

Mit den Geschenken aber wanderte doch der alte Gabenbringer, der Nikolaus, nach Weihnachten, wurde dort zum Weihnachtsmann, nur noch an seiner Kleidung (roter Bischofsmantel, phrygische Mütze) als Nikolaus erkennbar.

Jedenfalls wurde das "Bescheren" vom Zusammenhang der Belohnung für positives Schülerverhalten befreit, und kam gut lutherisch in den Zusammenhang des Geschenks aus Gottes unbedingter Liebe.

Seit dem 16. Jahrhundert, seit der Verlegung des Kinderbescherbrauchs von Nikolaus auf Weihnachten, ist Weihnachten in Deutschland *das* Schenkfest für Kinder.

Zunächst war Deutschland zwar in einen katholischen "Nikolausteil" und einen evangelischen "Christkindteil" geteilt. Heute ist es an Weihnachten fast umgekehrt: In den katholischen Gegenden bringt das Christkind die Geschenke, in den evangelischen der zum Weih-

Jedes Jahr machen im Herbst Weihnachtsmann-Mietagenturen in der Zeitung Werbung für bestellte Gabenbringer. Rund 60,– DM kostet es, einen solchen Weihnachtsmann in die Familie zu holen.

nachtsmann gewordene Nikolaus. Erst seit der 1. Hälfte des 19. Jahrhunderts wird der Weihnachtsmann übrigens als Relikt germanischer Naturfrömmigkeit oder gar als "Wotan" gedeutet.

Bedeutung der Bescherung
"bescheren 'zu Weihnachten schenken'; Das nur im Dt. gebräuchliche Wort (mhd. beschern 'zuteilen, verhängen') wurde früher meist von Gott und dem Schicksal gesagt (z.B. mhd. ez ist mir beschert). Der heutige Sinn (seit dem 18. Jh.) ergab sich, weil die Weihnachtsgeschenke den Kindern als Gaben des Christkinds dargestellt wurden..."[23]

"Des laßt uns alle fröhlich sein
Und mit den Hirten gehn hinein,
Zu sehn, was Gott uns hat beschert,
Mit seinem lieben Sohn verehrt."[24]

Die weihnachtliche Interpretation des Kinderbeschenkens als "Bescherung" hat das Kinderbeschenken sicherlich positiv verwandelt und bereichert. Zum bedingungslosen Schenken gehört das mehr oder weniger deutliche "sich verstecken" des Schenkers hinter dem Geschenk, aber auch hinter "Nikolaus", "Christkind" und "Weihnachtsmann" als Gabenbringer.
Zugleich haben aber auch Heiligabend und Weihnachten dadurch einen Bedeutungswandel erlitten: Für viele wurde Weihnachten von einem öffentlichen, kirchlichen Fest zum privaten oder familiären Fest und schließlich zum bloßen Kinderbescher- und Geschenktag; manche Leute denken daher, daß sie ohne eigene Kinder garnicht Weihnachten feiern können.

Überlegungen zum Heiligabend

Die Entwicklung des Weihnachtsfestes zum Fest der Familie und die Entwicklung der Familie zur Kleinstfamilie haben dazu geführt, daß das Fest für Alleinstehende aller Altersgruppen schwer zu feiern ist. Scharen von "Festflüchtern" brechen jeden Dezember in ferne Gegenden auf, um von Weihnachten nichts mitzukriegen oder in der Urlaubssituation andere Möglichkeiten des Feierns oder der menschlichen Nähe und Gemeinschaft zu finden.
Nun ist Weihnachten ursprünglich kein Familienfest, sondern ein

Fest der Gemeinde. Das Einladen von Einzelnen in Familienweihnachtsfeiern ist ein guter, aber heute selten geübter Brauch. Auch "Einsamenfeiern" in Kirchengemeinden haben oft vor allem eine wichtige (!) tröstende Funktion. Dies soll garnicht bestritten werden. Es fragt sich nur, ob dies reicht. Ist Weihnachten denn wirklich nur ein Kleinfamilienfest und ist eine "Familienersatzfeier" die einzig denkbare Lösung für "Einsame" und "Singles"?

Gemeinsam feiern

Immer mehr wird es zur guten Gewohnheit, daß alleinerziehende Eltern oder kleine Familien mit befreundeten Familien zusammen Heiligabend feiern. Verstreut wohnende Familien machen sich zu Weihnachten wie Josef und Maria auf den Weg, um in ihrer "Heimatstadt" oder wenigstens bei den Verwandten mit der größten Wohnung gemeinsam Weihnachten zu feiern.

Kirchengemeinden und Vereine können heute neu überlegen, wie sie für Alleinlebende (die Mehrheit der Bevölkerung in vielen Großstädten) und für Familien, die dies vielleicht gern wollen, wieder gemeinsame Feiern der Weihnacht und der Weihnachtszeit gestalten können. (Zu denken ist dabei an die gemeinsamen Stubenweihnachtsfeiern der Zünfte, die auch am Anfang unseres Weihnachtsbaumes standen, mit gemeinsamer Kinderbescherung.)

Möglicherweise könnte dabei auch überlegt werden, wie die Flut der sogenannten Weihnachtsfeiern in der Advents- bzw. Vorweihnachtszeit in Vereinen, Kirchengemeinden usw. einzudämmen ist. Oft wird hier ja überhaupt nicht mehr vorbereitet, sondern vorgefeiert, was dem eigentlichen Fest die Spannung und Vorfreude entzieht.

Besser sind "richtige" gemeinsame Feste und Feiern in der Weihnachtszeit (24. Dezember – 6. Januar). Solche "neuen" Gottesdienste, Feiern und Feste wären nicht mehr Ersatz für die verlorene oder unmöglich gewordene Familienweihnachtsfeier, sondern eine eigene, neue Ausgestaltung des Festes der Christgeburt. Sicherlich würde man damit wieder dichter an das Fest herankommen, das die Nähe Gottes für alle feiert. Die Wiedergewinnung der Osternachtfeier (Nachtdurchfeier, gemeinsames Frühstück) in immer mehr Kirchengemeinden kann auch für die Rückbesinnung auf die Weihnacht Anregungen geben. Die heute an vielen Orten wieder gefeierte Osternacht zeigt höchst aktuell, daß solche "Neugestaltung" eines Festes auch seine Inhalte wieder deutlicher sichtbar macht.

Öffentliche Weihnachten

In den Weihnachtstraditionen hat es immer auch Formen der Feier der Weihnacht gegeben, die den Rahmen der Kleinfamilie überschreiten. Auch heute nehmen Zeichen und Äußerungen zu, die zeigen, daß Weihnachten und die Weihnachtsfreude aus dem engsten Kreis hinaus drängen und auf Öffentlichkeit hin gerichtet sind. Das fängt an beim heutigen Schmuck der Haus- und Wohnungstüren mit Kränzen und Weihnachtsgirlanden und geht weiter zu den Schwippbögen und Lichterketten in den Fenstern der Wohnblocks und Einfamilienhäusern, und bis zu der geschmückten und beleuchteten Gartentanne. Dies alles ist mehr und bedeutungsvoller als der "öffentliche" Weihnachtsbaum und die Illumination der Verkaufsstraßen. Die hier in die Öffentlichkeit drängende Kraft des Weihnachtsfreude ist etwas anderes und mehr als Werbung und Selbstdarstellung. Dies zeigt sich auch in der großen Beteiligung an den Brot-für-die-Welt-Sammelaktionen, und ähnlichen Unternehmungen in der Weihnachtszeit.

Julklapp

In Skandinavien und in Norddeutschland ist der Julklapp eine beliebte Form der gegenseitigen (unerkannten) Bescherung in Schulklassen, unter Kollegen usw. Jedes Mitglied der Gruppe hat vorher aus einem Losbeutel einen Zettel mit einem Namen zu ziehen, für den dann ein Geschenk besorgt oder gebastelt wird. Die mit dem Namen des zu Beschenkenden versehenen Weihnachtspäckchen werden durch die Tür oder das Fenster geworfen oder aus einem Sack geschüttet und verteilt.

Lüttenweihnacht und Tierweihnacht

Im Brauch der Lüttenweihnacht[25], bei der Kinder in Mecklenburg und Pommern den Tieren in Stall und im Wald, ja sogar der See die Weihnacht ansagen, und im Brauch der sogenannten "Waldweihnacht", wo im Wald ein "lebender" Baum als Christbaum geschmückt wird, wird die Weihnachtsbotschaft auf die ganze Natur ausgedehnt. Das Gebet des Hirten im "Worpsweder Hirtenspiel" von Manfred Hausmann begründet dies so:

> *"Wenn du dich meiner gnädiglich*
> *erbarmst, o Heiland, so bitte ich dich,*
> *du wollest dieses Erbarmen zugleich*
> *bezeugen dem ganzen Weltenreich,*

den Sternen auf der himmlischen Flur,
den Schafen und jeglicher Kreatur,
den Gräsern und dem stummen Gestein.
Nimm alle in deinen Frieden hinein."

Diese Bedeutung der Christgeburt, die die ganze Schöpfung erfaßt, wird auch spürbar, wenn die (Haus-)Tiere in die Weihnachtsfreude einbezogen werden. Alle Tiere werden an Weihnachten besonders liebevoll besorgt und bekommen Extrafutter. Mein Schwiegervater pflegte seinem Kater einen schön eingewickelten Hering zu schenken "damit er auch merkt, daß heute Weihnachten ist". Auf manchen Bauernhöfen sagt man heute noch den Tieren an: heute ist Weihnachten.

Wirtschaft und Weihnachtstaler

Weihnachten war Zahltag. Früher gab es keine freien Gaben und Geschenke, sondern es gab die Verpflichtung zum Geben. Die Weihnachtsgaben an das Hauspersonal wie Schuhe, Hemd, Hose, Schürze usw. waren von praktischer Art. Das Gesinde bekam aber auch seinen Weihnachtstaler (heute: 13. Monatsgehalt). In vielen Städten Deutschlands gab es daher einen großen Markt (Christmarkt, Weihnachtsmarkt), der nicht wie heute vor allem brauchtümlich-folkloristischen sondern ganz normalen wirtschaftlichen Charakter trug. Dazu gehören:
– Der Hamburger Dom, acht Tage vor Weihnachten bis Heiligabend ursprünglich in den Kreuzgängen der Domkirche, seit 1893 auf dem Heiliggeistfeld
– Der Nürnberger Christkindlmarkt (seit etwa 1650) beginnt am ersten Wochenende im Advent und geht bis Heiligabend. Heute ist er vor allem Verkaufsmarkt für Spielwaren, Weihnachtsgebäck sowie Volksfest.
Weitere Weihnachtsmärkte finden traditionell in Dresden, Frankfurt/Main und Berlin statt.

Ein Wort zu Weihnachts-Geschenken

Weihnachtsgeschenke haben neben den Kinderbelohnungen noch eine andere Wurzel: Die Neujahrsgeschenke, die am Jahreswechsel fällig waren und in das Wirtschaftsbrauchtum zum Mittwinter nun einmal gehören. Aus wirtschaftlichen Gründen (Weihnachtsgeld) werden die "nötigen" Gaben auch heute an diesem Festtermin vergeben – warum nicht? Oft besteht direkt oder indirekt sogar ein Anspruch darauf.

Aber daraus hat sich auch das "Beschenken" derer, die eigentlich keinen "Anspruch" auf solche Gaben hatten, ganz eigenständig entwickelt.

Unter dem Einfluß des Gedankens von der guten "Bescherung" (s.o.) und ihrem Sinn, der freien, unberechnenden Zuwendung hat sich auch das Weihnachtsschenken unter Erwachsenen entwickelt. Der Sinn des weihnachtlichen Schenkens ist es ja wohl, über die Gaben, die zum Leben nötig sind (insbes. Kleidung, Schuhe, Bücher, Lehrmittel, Geld) hinaus zu schenken. Geschenke sind schon immer etwas mehr als nur ein nützlicher, jedenfalls materieller Ausdruck der Verbindung untereinander. Wirkliche Weihnachtsgeschenke aber sind noch mehr und ganz anders. Sie sind echtes "donum superadditum", das, was "darüberhinaus geschenkt" wird: Spielzeug, Süßigkeiten, Dinge, die Freude machen, die man sich eigentlich nicht kaufen kann. So werden besonders Geschenke, in denen wir etwas von uns selbst verschenken wie ein Bild, eine Handarbeit oder Bastelei, Gebäck oder ein Gedicht, ein Besuch oder ein Brief dem Weihnachtsgeschenk Gottes ähneln.

1. Feiertag, 25.12.

Christmette

Erwachsene und Menschen mit größeren Kindern gehen lieber abends oder nachts in die Kirche; oft wird die Mitternachtsmette[26] besonders schön mit Musik bei Kerzenschein gestaltet. In manchen Gegenden ist der Mitternachtsgottesdienst auch der Hauptgottesdienst zu Weihnachten (Erzgebirge, Mittel- und Süddeutschland). Die eigentliche Herkunft des Festes aus diesem Nachtgottesdienst sollte dazu ermutigen, ihn auch da wieder einzuführen, wo er noch nicht stattfindet, und ihn immer noch schöner und reicher zu gestalten.

Morgengottesdienste am 1. und 2. Feiertag

Auch in Deutschland gibt es Regionen, in denen wie in England erst am Morgen des 1. Weihnachtsfeiertages das Fest beginnt. Die Gottesdienste an den Weihnachtsfeiertagen sind in manchen Gegenden als Familiengottesdienst, heute oft mit einem Krippenspiel, gestaltet. Während in manchen Gegenden am 1. Feiertag nur der "harte Kern" der Gemeinde zur Kirche geht, und der Familiengottesdienst mit Kindergottesdienstkindern, Krippenspiel usw. erst wieder am 2. Feiertag die ganze Gemeinde zusammenführt, kann es anderswo genau umgekehrt sein.

Krippenspiele

Krippenspiele haben sich seit dem 11./12. Jahrhundert entsprechend den Passions- und Osterspielen entwickelt. Erst sind sie nur belebende Bestandteile des Gottesdienstes gewesen, später verselbständigen sie sich zum Volkstheater und Mysterienspiel. In oder vor den Kirchen wurden zu Ostern und zu Weihnachten Spiele aufgeführt, die die ganze Heilsgeschichte zum Inhalt haben, und das jeweilige Fest und seinen Sinn "von Anfang an", d.h. vom Paradies und Sündenfall an darstellen. Vermutlich stammt hierher der Weihnachtsbaum, zunächst als "Paradiesbaum" nur mit Äpfeln und Oblaten geschmückt. Für diese Spiele hat sich daher der Begriff "Paradeisspiel" eingebürgert. [27]

Für die Verlegung solcher Aufführungen auf den 1. oder 2. Weihnachtsfeiertag hat sicherlich auch gesorgt, daß es bei dem abendlichen Theaterspielen und den sich "wild" daraus ergebenden Spielen junger Leute auch zu "Unschicklichkeiten" gekommen war.

1680 äußerte sich z.B. der Konrektor Georg Grabow vom Gymnasium in Kölln an der Spree besorgt in seiner Schrift "Danck-Opffer", daß sich allenthalben in den Städten, in Häusern und auf Gassen Groß und Klein, Alt und Jung "für den heiligen Christ ausgeben". Das Volk liebte diesen Spaß und vollführte "bey der finstern Abendzeit herumb" einen Höllenlärm. Grabow sorgte sich:

> "Was müssen sie (die Juden) gedencken von unserm Messias, wenn sie unsern heiligen Christ sehen und hören daher kommen, in Begleitung vieler Jungen und Mägde, mit Spießen und Stangen, mit vielen Schellen, mit großem Geschrey und Klatzschen der Peitsche." [28]

Sechs Jahre später, im Jahre 1686 erließ der brandenburgische "Große Kurfürst" (1640–1688) sogar ein Verbot gegen die Weihnachtspossen.

"Unsern Gruß zuvor, Ehrwürdige, Ehrenfeste, Wohlgelahrte, Weise, gute Gönner und Freunde, etc. Nachdem viele Prediger und andere vielfältig geklaget, daß gegen die Weihnachts-Feste mit dem sogenannten Comödien und Possenspiele dabey gemachet und getrieben werden; Se. Churfl. Durchl. unser gnädigster Herr, aber solche Aergerniß durchaus abgeschaffet wissen wollen; Als befehlen Namens Deroselben Wir Euch solche Aergerniß gäntzlich abzuschaffen, und darüber ernstlich zu halten. Es beschieht daran Sr. Chf. Durchl. Wille und wir seynd Euch mit Freundschaft gewogen." Cölln an der Spree, den 17. Dezember 1686."[29]

So verlagerte sich der Gottesdienst am Heiligabend immer weiter zum frühen Nachmittag (siehe S. 36f.), und die Krippenspiele wanderten auf den hellen Vormittag der Weihnachtstage.

Krippe

In vielen Kirchen werden an Weihnachten "Krippen" aufgestellt, ganze "bethlehemitische" Landschaften ("Weihnachtsberge" wie im Erzgebirge) oder auch nur der Stall von Bethlehem mit den notwendigsten Zutaten.[30]

Die Krippe ist nach dem Evangelienbericht der Ort, an dem das neugeborene Jesus-Kind lag. Die ersten Weihnachtsgottesdienste fanden am Platz der Krippe in Bethlehem, später auch in Rom in der Kirche Santa Maria Maggiore, mit einer Art Nachbildung der Geburtsgrotte in Bethlehem bzw. der Krippe, statt.

Franziskus von Assisi hat für seine Brüder eine "Waldkrippenfeier" mit lebenden Tieren 1233 arrangiert. Seitdem verbreitete sich der Brauch, Modellkrippen aufzustellen, in Europa. Besonders die Jesuiten haben in der Zeit der Gegenreformation die Krippen zu volksmissionarischen und religionspädagogischen Zwecken verbreitet. Nachdem die Krippen in der Aufklärung aus den Kirchen verschwanden, wurden sie zum wesentlichen Mittelpunkt der häuslichen Weihnachtsfeiern – bis der Weihnachtsbaum daneben trat.

Am schönsten ist eine selbstgebaute oder aus dem Erzgebirge selbst geholte Krippe. In D-09548 Seiffen/Erzgebirge (die ganze Gegend ist ein "Weihnachtsland") kann man den Drechslern im Sommer oder Herbst über die Schulter schauen, wenn sie die Figuren anfertigen oder bemalen.

2. Feiertag, 26.12. (Stephanstag)

Der 2. Feiertag ist der Tag der Besuche bei Freunden, Nachbarn und Verwandten. Man bringt von seinem Gebäck mit und kostet die Plätzchen der anderen. Kinder sehen sich die Geschenke und die Weihnachtsbäume der Nachbarskinder an.

Weihnachtsgebäck

Weihnachten ist die Zeit der süßen Plätzchen, des süßen Brotes. Dies Gebäck ist besonders geschmackvoll und haltbar, es erinnert aber auch an das Brot, das vom Himmel kommt. Das Manna, das vom Himmel fällt kann in Brezelform, d.h. der Form der Abendmahlshostien (siehe "Lebkuchen") dargestellt werden. Im Johannesevangelium sagt Christus:

> *"Ich bin das lebendige Brot, das vom Himmel gekommen ist. Wer von diesem Brot ißt, der wird leben in Ewigkeit" (Johannes 6, 51)*

Christstollen, Weihnachtsstollen
werden erstmals 1329 in Naumburg erwähnt. Bischof Heinrich von Naumburg erteilte damals den Naumburger Bäckern ein Zunftprivileg und verlangte als Gegenleistung für sich und seine Nachfolger jedes Jahr zu Weihnachten zwei Stollen von immerhin je ca. 30 Pfund. Der Name Stolle(n)= Stamm, Pfosten wird bei solchem Kaliber verständlich. Die Stollen sollen eine dünne gebräunte Kruste haben. Der Teig soll innen zwar saftig, aber nicht klietschig sein. Viele Familien haben ein eigenes Rezept für dieses nicht jeder Hausfrau und jedem Bäcker geratenden Kuchenbrot. Heutige Stollen sind nicht größer als ein Brot und wiegen um ein Kilogramm. Da beim Formen der Stollen der Teig von beiden Seiten übereinander geschlagen wird und die Stollen schließlich ganz mit weißen Puderzucker eingepudert werden, werden die Weihnachtsstollen als das in Windeln gewickelte Christkind gedeutet – was wiederum auf Christus als das Himmelsbrot und damit auf das Abendmahl hinweist.

Honig- und Pfefferkuchen
sind antikes, durch Klosterküchen vermitteltes Gebäck. Gebraucht werden daher auch oft mediterrane Zutaten ("Pfeffer"). Verwandt

werden Gewürze aus dem Orient, die die "Pfeffersäcke", die Kaufleute, erhandelten. Neben den vielerlei Gewürzen (siebenerlei oder neunerlei) ist vor allem der Honig, den seit alters Nürnberg mit seiner Heide zu bieten hatte, eine wichtige Zutat zu dem Gebäck. Die besondere Beziehung des Honigkuchens zum Weihnachtsfest hängt u.a. mit einer als messianische Weissagung verstandenen Stelle aus dem Propheten Jesaja 7, 14.15 zusammen, wo es heißt:

> *"Darum wird euch der HERR selbst ein Zeichen geben: Siehe, eine Jungfrau ist schwanger und wird einen Sohn gebären, den wird sie nennen Immanuel! Butter und Honig wird er essen, bis er weiß, Böses zu verwerfen und Gutes zu erwählen."*

Lebkuchen

Das Wort "Lebkuchen" für den Honig- oder Pfefferkuchen (siehe dort) kommt von lat. Libum=Fladen=Flachkuchen. Es sind von der römischen Hostienform herkommende Flachbrote. – Im Bereich der gallikanischen Liturgie (zw. Rhein und Atlantik) war die Form der Hostie die Brezel (brachiatellum=Teilchen). Die halbierte Brezel ist das Hörnchen oder der Kipfel.

Marzipan

Über diese Leckerei sind allerhand Geschichten in Umlauf (Marcipanis= Markusbrot aus Venedig; Brotersatz aus Lübeck, da in der Hungersnot dort zwar Mandeln, aber kein Mehl mehr vorrätig war usw.). Wahrscheinlich aber kam diese Süßigkeit aus Zucker, Mandeln, Rosenwasser während der Kreuzzüge aus Arabien, wo sie in Schachteln (mauthaban) eingepackt wurde. Die Venezianer haben dies wohl verändert zu marzapane. In Lübeck wird Marzipan seit 1407 hergestellt, ebenso in Königsberg

Pfefferkuchen siehe Honig- und Pfefferkuchen

Plätzchen

von lat.: Plazenta=Kuchen; Plätzchen bedeutet also eigentlich: kleiner Kuchen

Spekulatius
Gebäck mit Bildern. Speculatius kommt wohl von speculum = Spiegel, Abbild. An allen Tagen, an denen es "Heischerecht" gibt, wird dies Gebäck abgegeben, als Martins-, Nikolaus- und Weihnachtsgabe. Die gewählten Bilder sind entweder auf Christus hindeutende Tiere aus der byzantinischen Tiersymbolik oder Nikolaus-Gebäck mit Bildern der Nikolauslegenden. Eine andere Erklärung will speculatius von speculator (lat. Aufseher) für Bischof oder Schulaufseher ableiten.

Springerle
schwäbisches Gebäck, in besonderen geschnitzten Holzmodeln gebacken. Das Backwerk stellt –auch wenn es einmal einen Reiter zeigt– nicht den reitenden Wotan dar, wie Neuheiden behaupten, sondern den reitenden St. Martin.

Weckenmännlein
oder Klausenmänner sind nicht "heidnische Opfergaben"[31] sondern eßbare Abbilder des Nikolaus mit süßen Knöpfen am Mantel aus Rosinen. Die Pfeife ist ursprünglich der Bischofsstab des Nikolaus. (Das gleiche Gebäck gibt es in anderen Gegenden auch zum Martinstag, siehe dort).

2. Feiertag als Stephanstag

Stephanus war der erste Märtyrer(="Blutzeuge"), der für sein Christusbekenntnis sterben mußte. Er wurde angeklagt wegen seiner als Lästerung empfundenen Lehre über den Tempel. Die Anklage lautete nach dem Bericht der Apostelgeschichte:

> "Dieser Mensch hört nicht auf, zu reden gegen diese Heilige Stätte (d.h. den Tempel-T.G.) und das Gesetz" (Apostelgeschichte 6, 13.)

Er wird gesteinigt auf Grund seiner Verteidigungsrede, die mit Zitaten aus dem Alten Testament u.a. ausführt:

> *"Aber der Allerhöchste wohnt nicht in Tempeln, die mit Händen gemacht sind, wie der Prophet spricht (Jesaja 66,1.2): 'Der Himmel ist mein Thron und die Erde der Schemel meiner Füße; was*

wollt ihr mir denn für ein Haus bauen' spricht der Herr 'oder was ist die Stätte meiner Ruhe'"

Ab 415 wird der Hl. Stephan zunächst in Jerusalem verehrt, dann verbreitet sich die Verehrung des "Erzmärtyrers" (=ersten Märtyrers) rasch im Osten wie im Westen.

Dritter Feiertag, Neujahr, Epiphanias

3. Feiertag 27.12.

Erst 1754 wurde in Preussen der 3. Feiertag am 27.12. abgeschafft, der bis dahin ein echter Feiertag gewesen war und von alten Berlinern auch weiter so genannt wird.

Tag der Unschuldigen Kinder am 28.12.

Seit 505 wird der 28.12. als Tag der unschuldigen Kinder gefeiert. Der Bezug ist Matthäus 2, 13–18. Luther verteidigte dies Evangelium als "eine treffliche Historie":

> "Die Lehre ist, daß wir sehen, wie der Teufel und die Welt dem Kindlein Jesus und Seinem Reich feind sind und sich heftig darum annehmen, wie sie es drücken, dämpfen oder gar tilgen mögen. Der Trost ist, daß solches Vornehmen der Welt nicht gelingt, sie muß Christum, Sein Wort und Kirche lassen bleiben; und obgleich etliche Christen darüber einbüßen müssen, so soll es doch ohne ihren Schaden, ja mit ihrem höchsten Nutzen geschehen; die Tyrannen aber sollen darüber zu Grunde gehen, davor soll ihnen nichts helfen."

Heute gilt die Grausamkeit, mit der Herodes seine Macht sicherte und u.a. die gesamte männliche Nachkommenschaft der Hasmonäer ausrotten ließ, als Hintergrund der Geschichte vom bethlehemitischen Kindermord. Sie waren Abkömmlinge des Geschlechtes des Judas Makkabäus, die vor Herodes seit dem Makkabäeraufstand mit kurzen Unterbrechungen herrschten und von ihm, dem von Rom eingesetzten Vasallenkönig, als Thronprätendenten gefürchtet wurden.

Sylvester

Ist heute in der Evangelischen Kirche als "Altjahrsabend" ein beliebter Tag des abendlichen Kirchgangs. Bräuche, die sich an Sylvester entfalten, haben weitgehend nicht den oft behaupteten mehr oder weniger tiefsinnig-heidnischen Hintergrund. In unserer recht regulierten Welt sind die Möglichkeiten des Lärmens und Feierns auf wenige Tage begrenzt. Die Sylvesternacht ist ein solcher Freiraum. Einige Äußerungsformen des "Brauchtums" bringen vor allem die Sorge um die Zukunft, andere mehr den Wunsch nach Geselligkeit, Fröhlichkeit und Kontinuität angesichts der an diesem Tag spürbaren Vergänglichkeit zum Ausdruck.[32]
Sylvester, von 314 – 335 Bischof von Rom, war Zeitzeuge der Konstantinischen Wende. Er starb am 31.12.335.

Neujahr

Der Neujahrstag in Deutschland ist heute ein Tag des ruhigen Beginns, da alles ausgelassene Treiben am Sylvesterabend stattfindet. Neujahr ist auch ein besonders herausgehobener Wirtschaftstermin, nachdem für die heute weitgehend witterungsunabhängige Wirtschaft zumeist das Kalenderjahr als Geschäftsjahr gilt. Schon früher war Neujahr Termin für Stellenwechsel und Zinsabgabe; den Neujahrstaler zahlt man heute nicht mehr an eigene Dienstboten, sondern an die freundlichen Männer von der Stadtreinigung oder Müllabfuhr, an Briefträger, Zeitungsboten etc..

Jahresbeginn
Seit 153 v. Chr war in Rom am 31.12. staatlicher Ämterwechsel. Dieser Brauch führte schließlich zur Vorverlegung des Jahresbeginns vom 1.3. auf 1.1. Bei der Kalenderreform Julius Cäsars (daher "julianischer Kalender") im Jahre 46 v. Chr. wurde dies so festgelegt. Andere Neujahrstermine wie 1.3. (altrömischer Stil, in Rußland bis ins 13. Jahrhundert, in Venedig bis zum Untergang der Republik 1797), 25.3. ("Marienjahr" vom Tag Mariä Verkündigung, daher auch "Annuntiationsstil" Pisa bis 1749, auch Trier), 25.12. (sog. "Weihnachtsstil", seit Mitte des 4. Jahrhunderts bis ins Mittelalter in Deutschland, Frankreich, Italien, Spanien, England, Skandinavien und Polen üblich) konnten sich nicht durchsetzen.

Alle Jahreswechselbräuche, wie Heischegänge von Kurrendesängern, aber auch das Losen mit Hilfe von Bleigießen, Wachsgießen, oder Bibelstechen finden sich daher sowohl am 25.12. wie am 1.1., aber auch im Umkreis des 6. Januars.

Gute Vorsätze und Träume

Der erste Tag des Neuen Jahres soll Vorbedeutung haben: So wie es heute ist, so soll das ganze Jahr werden. Deshalb läßt man den Tag fein sacht und harmonisch angehen. Aus ähnlichen Gründen bekamen auch die 12 Nächte zwischen Weihnachten und Epiphanias besondere Bedeutung. Jede Nacht steht für einen Monat des kommenden Jahres. Was man träume, sei ein Vorzeichen des entsprechenden Monats des neuen Jahres, heißt es in naivem Aberglauben.

Richtig ist, daß die sogenannten guten Vorsätze am Neujahrstag meist noch eingehalten werden.

8. Weihnachtstag

Neujahr ist der 8. und letzte Tag der Weihnachtsoktav, des achttägigen Weihnachtsfestes. An ihm wird der Darstellung Jesu im Tempel und seiner, wie im Judentum üblich, am 8. Tag nach der Geburt erfolgten Beschneidung (Luk 2,21) gedacht. Besonders wichtige Feste wie Ostern und Weihnachten werden seit jüdischer Zeit auch im Christentum "eine Woche und einen Tag" gefeiert.

Epiphanias

Dadurch, daß sich zwei Weihnachtstermine, der des 25.12. und der des 6.1. erhalten haben, von denen der eine stärker den Inhalt der nächtlichen Geburt, der andere den des Besuchs der Magier und der Taufe angezogen hat, die heute 12 Tage auseinander liegen, hat sich unsere Weihnachtszeit auf 12 Tage ausgedehnt.

In katholischen Gegenden gibt es den Brauch, Haus und Stall vom Priester segnen zu lassen. Über die Türbalken wird dann "19+C+M+B+94 angeschrieben, was den frommen Gebetswunsch ausdrückt "Christus Mansionem Benedicat" = Christus segne dieses Haus. Da der Priester oft mit seinen als Sterndreher ausstaffierten und "Heilige Drei Königs"-Lieder singenden Ministranten anrückte, ver-

band sich der schöne fromme Brauch mit der Vorstellung von den Namen der "drei Könige": Caspar, Melchior und Balthasar.
Das heute für wohltätige Zwecke und nicht mehr für den Lebensunterhalt erfolgende Heischesingen oder Sternsingen, entstand aus den Dreikönigsspielen; sie wurden aus der Liturgie übernommen, wo die Geschichte von den drei Königen in Frage und Antwort vorgespielt wurde.
In manchen Ländern ist der 6. Januar heute der Kinder-Geschenktag (Spanien, Italien). Bei uns ist dieser Tag, seit es einen Weihnachtsbaum gibt, der Tag des "Weihnachtsbaumplünderns". Wegen der trockenen Heizungsluft ist es selten noch möglich, die Kerzen am Weihnachtsbaum noch einmal anzuzünden. (Wer keine "Edeltanne" hat, sollte auch mit dem Schütteln des Baumes vorsichtig sein, da er u.U. auf einen Schlag alle Nadeln verliert.)

Weihnachtsende
An "Lichtmeß", 40 Tage nach Weihnachten, endet die Weihnachtszeit Der Tag heißt auch Mariä Reinigung oder Darstellung Jesu im Tempel und ist in Jerusalem bereits im 4. Jahrhundert als Feier nachweisbar. Biblischer Grund ist Luk 2, 5–32, die "Darstellung Jesu im Tempel". Der Tag markiert das Ende der Weihnachtszeit. In der Westkirche zählt man ja von der Geburt bis zur Darstellung im Tempel 40 Tage, also bis zum 2. Februar. Die Lichtprozessionen, die regional im römisch beeinflußten Gebiet üblich sind, sind schon im 5. Jahrhundert bezeugt und haben antike Vorbilder. Sie beruhen auf "heidnisch-römischen Sühneumgängen ('amburbali') und stellen damit einen der wenigen nachgewiesenen Fälle von *Akkommodation*(=Übernahme und Umgestaltung ursprünglich heidnischer Bräuche) dar." [33]

Valentinstag
In der Ostkirche werden die 40 Tage für die Darstellung von dem alten Geburtsfest am 6.1. gerechnet. Daher ist Lichtmeß dort erst am 14.2. In Frankreich ist der 14. Februar zum Valentinstag, einem Fest der Brautleute, geworden und ist über England und Amerika zu uns zurück gekommen. Ob dazu die Evangeliumsgeschichte von der Hochzeit zu Kanaa oder vom Warten auf den Bräutigam der Anlaß war, ist ungewiß. Der Tag wird heute (ohne jeden Weihnachtsbezug) als Blumenschenktag von den Blumenhändlern propagiert.

7. Lichterfest und Weihnachtsbaum

Der Weihnachtsbaum ist heute meist eine Tanne oder Fichte, manche finden auch eine Kiefer schön. Zwar wird auf das Aussuchen beim Weihnachtsbaumhändler großer Wert gelegt – aber als Weihnachtsbaum geschmückt wird jedes Bäumchen zum Paradiesbaum! Alles, was dazu gebraucht wird, sind Äpfel, vergoldete Nüsse und Gebäck. Auch feiner Glasschmuck (geblasene Kugeln) sehen prächtig aus. Früher ging es auch noch einfacher:
Friedrich der Große erwähnt einen Weihnachtsbaum ohne Lichter. In einer seiner Verfügungen zur Förderung des Kartoffelanbaus aus dem Jahre 1755 heißt es:

> "Die Erdäpfel genießen allhier die Menschen mit großem Appetit und richten selbige auf vielerlei Arten zu. Der gemeine Mann wird sie mehrenteils gesotten mit Salz, teils mit, teils ohne Brot essen. Ja man pflegt solche unter das Brot zu backen. Ich könnte auch Exempel anführen, daß Leute zu ettlichen Wochen, ohne Brot zu haben, allein von Erdäpfeln gelebt und sich frisch und gesund dabei befunden. Sie nehmen auch keineswegs soviele Zeit, sie anzurichten, hinweg. Nun ist dieser Vorteil dabei, daß man solche vorerst aufsieden läßt, ehe man dieselben schälet. Als ein lächerlicher Nutzen der Erdäpfel wird beigefügt, daß in hiesigen Gegenden manche Leute um die Weihnachtszeit grüne Fichten in die Stuben bringen und selbige mit vergoldeten Erdäpfeln putzen lassen, um den Kindern eine Gestalt von Paradiesäpfeln vorzuspiegeln." [34]

Zu einem richtigen Weihnachtsbaum gehören aber unbedingt auch Kerzen. Fest in den Stamm eingedrehte Kerzenhalter sind sicherer als an den Zweigen befestigte Klemmen. Elektrische Weihnachtsbaumbeleuchtung sollte man vor allem für die Vorgartentanne verwenden. Es ist kein übertriebener Purismus, wenn man den Weihnachtsbaum nicht einfach zur Zimmerdekoration und -beleuchtung verwendet, sondern die richtigen Kerzen mit ihren lebenden Flammen, die den Baum schmücken und verwandeln, nur anzündet, wenn man sich auch dazusetzt und allein oder miteinander Weihnachten feiert.

Die Herkunft unseres Weihnachtsbaumes

Natürlich hieß es auch vom Weihnachtsbaum, er sei uralt und germanisch. Gegen die Fehldeutung, der Weihnachtsbaum sei "unzweifelhaft heidnisch-germanischen Ursprungs" und sei "zurückzuführen

auf das Julfest unserer Vorvorderen" wie es seit 100 Jahren in vielen Büchern steht, wandte sich der nicht-ideologische, wissenschaftliche Flügel der Volkskunde[35] schon seit den dreissiger Jahren:
"Der heutige Weihnachtsbaum ist weder ein Wintermai noch ein übelabwehrender Baum; er ist das Ergebnis der Ausgestaltung des häuslichen Kinderfestes Weihnachten"[36].
Ein angeblich frühes Zeugnis des echten Weihnachtsbaumes, also eines Tannenbaums mit Sternen und Lichtern sollte sich, wie es seit Jahrzehnten in der Weihnachtsliteratur heißt, auf einemKupferstich von Lucas Cranach d.Ä. aus dem Jahre 1509 (Junge Frau mit Kind, alter Mann, Tannenbaum) finden.[37]

Weihnachtsbaum und Paradiesbaum

Allerdings hatte der Weihnachtsbaum verschiedene Vorstufen. Da ist einmal der grüne Schmuck von Häusern und Wohnungen zu Festzeiten und im Winter in unseren Breiten natürlich mit den immergrünen Zweigen der Nadelbäume. Im Narrenschiff schreibt Sebastian Brant 1494 über Neujahrsbräuche:

"Und wer nit etwas Nuwes hat
und umb das Nuw jar singen gat
und grien tannries steckt in syn hus,
der meint, er leb das ganz jar nit us!"

Da ist auch der Paradiesbaum, von dem Friedrich der Große in seiner Kartoffelverordnung berichtete (s.o.) und von dem die Kinder in dem Schlaflied hören, in dem es heißt:

"Guten Abend, gute Nacht! Von Englein bewacht,
die zeigen im Traum dir Christkindleins Baum" und
"Schlaf nun selig und süß, schau im Traum 's Paradies."

Zurückgeführt wird der Christbaum heute vor allem auf die Paradies- und Christgeburtsspiele, in denen

> "nach reformatorischer Praxis ein Bäumchen getragen wurde, das den typologischen Bezug zum Kreuzesstamm und Baum der Erkenntnis versinnbildlichte. Auf der einen Seite hingen daher Äpfel, die infolge des Gleichklanges von malum (=das Böse) und mallum (=der Apfel) den Sündenfall betrafen, auf der anderen Seite Leidenswerkzeuge (Dornenkrone, Kreuznägel, Kreuz etc.) oder, wie noch in Straßburg, Rosen, die nach allegorischer Tradition die Passion Christi darstellen ... Von daher versteht sich der Christbaumschmuck als säkularisiertes Requisit der nachreformatorischen Weihnachtsspiele." [38]

Das "angeblich älteste Weihnachtsbaumbild" entpuppt sich eher als ein Mißverständnis denn als ein Weihnachtsbild. Der Stich stellt eine Szene aus der Heiligenlegende des Chrysostomos (der alte Mann im Hintergrund) dar. Was dem flüchtigen Betrachter als Kerzen erscheint, sind die Maitriebe einer Kiefer.

Im 16. Jahrhundert spielt der Baum eine Rolle bei Gemeinschafts-Weihnachtsfeiern der Zünfte. 1570 wird in Bremen von einem "Dattelbäumchen" berichtet, einem kleinen Tannenbaum der mit Äpfeln, Nüssen, Datteln, Brezeln und Papierblumen geschmückt im Zunfthaus aufgestellt wurde und von den Kindern der Zunftgenossen zu Weihnachten geplündert werden durfte.[39] Auch in Schlettstadt wird um 1600 von einem mit Äpfeln und Oblaten geschmückten Paradiesbaum zur Weihnacht berichtet, der am 6. Januar den Kindern zum Plündern freigegeben wird. 1605 heißt es in einem Bericht aus Straßburg:

> "auff Weihnachten richtett man Dannenbäum zu Straszburg in den Stuben auff, daran henket man roszen aus vielfarbigem Papier geschnitten, Aepffel, Oblaten, Zischgold, Zucker etc...."

Da sind als weitere Vorstufe die Lichterkronen, – sie tauchen im 17. Jahrhundert in den Kirchenrechnungen auf. Diese kronenförmigen Leuchtergestelle wurden aber auch laternenartig mit offenem Licht auf der Straße umhergetragen, was zu obrigkeitlicher Besorgnis Anlaß gab. Die auch in den Kirchen vorhandenen Weihnachtskronen-Leuchter wurden durch die Weihnachtsbäume ganz verdrängt.

Paradeisel und Klausenbaum

Der "Klausenbaum" gehörte zwar ursprünglich in das Brauchtum des Nikolaustages, ist aber als "Paradeisel" auch an Weihnachten für den Beschertisch benutzt worden. Ein mit Buchsbaum oder Tannengrün umkleidetes, pyramidenförmiges Kerzenleuchter-Gestell aus Stäben, die in 4 Äpfeln stecken, trägt oben eine oder an den Seiten vier Kerzen. Der Name Paradeisl erinnert an den Paradiesbaum. Er hat große Ähnlichkeit mit den Berliner "Weihnachtspyramiden", wie sie ursprünglich als kleiner Bescherbaum und Leuchter zum Weihnachtszimmer gehörten. Später waren diese Pyramiden noch lange Christbaumersatz für die ärmeren Schichten.

Der "echte" Weihnachtsbaum

Zwei weihnachtliche Zeichen, die Lichterpyramide und der geschmückte Paradiesbaum rücken immer enger zusammen. Da gibt es den Tannenbaum, umrahmt von Lichterpyramiden, aber auch die Tanne mit Querstäben, an denen Lichter befestigt werden.

Daniel Chodowiecki (1726–1801)
Weihnachtsbescherung 1799 (mit Leuchterbaum)

Den echten Weihnachtsbaum, den Lichterbaum, finden wir erst in der Kombination des Pyramidenleuchters mit dem Paradiesbaum im 18. Jahrhundert. Einen der ältesten Berichte über den "echten" Christbaum –allerdings Buchsbaum, nicht Tanne– finden wir in einem Brief der Lieselotte von der Pfalz vom 11. 12. 1708:

> "Ich weiß nicht, ob Ihr ein anders Spiel habt, das jetzt noch in ganz Deutschland üblich ist; man nennt es Christkindel. Da richtet man Tische wie Altäre her und stattet sie für jedes Kind mit allerlei Dingen aus, wie neue Kleider, Silberzeug, Puppen, Zuckerwerk und alles Mögliche. Auf diese Tische stellt man Buchsbäume und befestigt an jedem Zweig ein Kerzchen; das sieht allerliebst aus und ich möchte es heutzutage noch gern sehen. Ich erinnere mich, wie man mir zu Hannover das Christkindel zum letztenmal kommen ließ (1662)."[40]

Typisch deutsch

Ende des 19. Jahrhunderts verbreitet der Weihnachtsbaum sich in ganz Deutschland und gilt heute, nachdem die Sitte sich weltweit verbreitet hat, als schöner, typisch deutscher Brauch, der auch in der "DDR-Zeit" nicht verloren ging:

> "Man soll nicht meinen, daß der Weihnachtsbaum nur der Familienfeier gehöre. Dem widerspricht auch sein geschichtliches Werden. Aus den mittelalterlichen Zunft- und Werkgemeinschaften ist er hervorgegangen, und erst später wurde er zum Kinderbaum. Für die Kindergemeinschaften wurde er 1935 in der Sowjetunion als Gabenbaum zum Neujahrsfest allgemein eingeführt. Bei uns ist er heute zum Symbol der Verbundenheit aller Deutschen geworden, zu einem strahlenden Symbol des Friedens!"

schrieb 1964 (!) Karl-Ewald Fritzsch[41]. Jahrelang grüßte der Weihnachtsbaum als "Symbol der Verbundenheit aller Deutschen" von Westen her über Mauer und Stacheldraht hinweg, ganz so, wie es das Ost-Berliner Buch geschrieben hatte und auch in der Zeit, als der Baum längst zum "Schmuckbaum" umgenannt worden war. Offensichtlich hatten die Sprachregler ein Sensorium dafür entwickelt, daß in den Worten "Weihnachtsbaum" und "Weihnachtsfest" und "Christfest" eine wahrlich "grenzüberschreitende" Information und ein wesentlicher Ausdruck der christlichen Verkündigung enthalten ist.

Baumsymbolik

Die Baumsymbolik reicht weit zurück, es gibt sie in jeder religiösen Tradition, natürlich auch in den nichtchristlichen. Deshalb ist es falsch, bei solch einer allgemeinen Symbolik von "vorchristlichen" Elementen zu reden. Daß andere Religionen und Kulturen Bäume ebenfalls schätzen, spricht für Gemeinsamkeiten u.a. im ästhetischen Empfinden. Solche Gemeinsamkeit kann die eigene Tradition und Interpretation des Weihnachtsbaumes nicht entwerten.
Christen beten Bäume nicht an, sondern betrachten sie als Teil der Schöpfung, den Menschen zur Pflege und zu gutem Gebrauch anvertraut. Wenn es keinen Raubbau bedeutet, können die Menschen die Gaben der Schöpfung zu ihrem Nutzen (Nahrung, Hausbau) oder als Schmuck verwenden. In der biblischen. der jüdisch-christlichen Tradition gibt es die alte Baumsymbolik, die mit dem Paradiesbaum zu tun hat. Schließlich ist der 24.12. in der Kirche seit alters auch der Tag von Adam und Eva, dem Stammeltern der Menschheit. Eine Legende sagt, der Baum des Kreuzes, an dem Christus gestorben ist, sei ein Abkömmling des Paradiesbaumes gewesen. Der Schmuck der ersten weihnachtlichen Bäume mit Äpfeln (Paradiesfrucht) und Oblaten oder Brezeln (=Hostien, Leib Christi) zeigt diesen Bezug.

> "Es ist nicht so, daß wir Gott mit einem lieblichen Brauche ehren, wenn wir zur Weihnacht den Christ-Baum aufrichten und schmücken; sondern Gott, der Schwäche unseres Glaubens eingedenk, naht sich, uns zu helfen, und läßt uns auch von dem Christ-Baum künden, was von Krippe und Windeln gesagt ist: 'Und das habt zum Zeichen.'" schrieb Jochen Klepper.[42]

Halten wir fest: Der heutige Weihnachts(lichter)baum ist *erst entstanden im 17. und 18. Jahrhundert* im Zusammenhang mit der Sitte der Kinderbescherung. Es gibt *keinen heidnischen Bezug bei unserem Weihnachtsbaum.* Es gibt dagegen auch eine eigene, wichtige jüdisch-christliche Baumsymbolik. Für Christen ist der Weihnachtsbaum auch Symbol des Paradiesbaumes. Er weist uns auf die Heilsbotschaft hin, daß Christus uns den Zugang zum Paradies wieder eröffnet. Mehr noch: Die Tanne wird im Alten Testament zum Bilde Gottes, wenn der Prophet Hosea als Gotteswort aufschreibt:

> *"Was sollen dir weiter die Götzen?*
> *ICH will dich erhören und führen,*
> *ICH will sein wie eine grünende Tanne;*
> *von MIR erhältst du deine Früchte." (Hosea 14, 9).*[43]

III.

8. Die Wahrheit über Weihnachten

Herkunft christlicher Feste und Feiern

Für das Urchristentum hat die Herkunft aus dem Judentum und die sich daraus ergebenden Verbindung und andererseits die Abgrenzung vom Judentum für die Entwicklung der eigenen Religion und damit auch für die Bildung einer eigenen Festtradition eine große Rolle gespielt. Und ich behaupte: auch für die Entstehung des Weihnachtsfestes.

Die ersten Feste der Christen entwickelten sich aus und gegenüber den Festen der Juden, in deren Kreis das Christentum entstand und zunächst (noch recht lange) lebte.

Sonntag statt Sabbat

Jesus war an einem Freitag gekreuzigt worden. Zum Bekenntnis der ersten Gemeinden gehörte nach 1. Korinther 15,4, "daß er auferstanden ist am dritten Tage nach der Schrift"[44]. Als allererstes wurde daher der *Auferstehungstag* gefeiert, und zwar jede Woche am Tag *nach* dem jüdischen Sabbat. Als Bezeichnung setzte sich (bis heute im ganzen romanischen Sprachraum) durch: "Tag des Herrn" oder "Herrentag". Die Christen feierten den Beginn der neuen Woche als ersten Tag der neuen Schöpfung. Ansonsten übernahm man die jüdische 7-Tage-Woche, einschließlich der jüdischen Zählung der Wochentage (Sabbat/Sonnabend als 7. Wochentag, Beginn der Woche am Sonntag). Die Bezeichnung Sonntag (statt Herrentag) taucht erst später, ab Mitte des 2. Jahrhunderts auf, und hat sich selbst nach Einführung des Feiertages nur in Teilen des Reiches und der Kirche durchsetzen können. Für Christen war und ist diese nachträgliche Bezeichnung –nachdem der Tag ersteinmal durch die christliche Feier an Bedeutung gewonnen hatte– nicht anstößig. Morgens bei Sonnenaufgang traf man sich ja und feierte mit der Auferstehung die neue Schöpfung und Christus, den Auferstandenen als die "Sonne der Gerechtigkeit".

Ostern und Pfingsten

Auch die beiden frühen christliche Feste, Passah (Ostern) und das daraus sieben Wochen später folgende "Wochenfest" (Pfingsten, dt.="50 Tage") stehen vor allem in Kontinuität, aber auch in Abgrenzung zum Judentum. Dieser enge Bezug kommt z.B. auch in den von den Christen benutzten gottesdienstlichen Lesungen aus dem Alten Testament zum Ausdruck, die z.T. auch in der jüdischen Festliturgie eine Rolle spielten oder die als *erfüllte Prophetie* den Festen einen Sinn in Bezug auf Jesus zuwiesen.

Hinter beiden Festen, die ganz an den Mondkalender gebunden waren, – das Passahfest findet statt in der Vollmondnacht des Frühlingsmonats -, standen ursprünglich Jahreszeitenfeste. Längst hatten sie aber historische Themen angezogen. Man spricht deshalb von einer "*Vergeschichtlichung*" der jüdischen Jahresfeste.

Der Inhalt des *Passah-Festes* und Passahmahls ist das Gedenken des Auszuges aus Ägypten und die Vergegenwärtigung: "Heute werdet (auch) Ihr von Gott befreit". Dieser Gedanke der Befreiung aus der Knechtschaft verbindet sich in der christlichen Passah- und Osterfeier von Anfang an mit dem Gedenken an Tod und Auferstehung Jesu. Taufe und Mahl an diesem Termin dienen der besonderen Vergegenwärtigung: Heute geschieht dies auch mit uns.

Der Inhalt des *Wochenfestes (Pfingsten)* war zur Zeit Jesu vor allem die Erinnerung an den Bundesschluß vom Sinai und die 10 Gebote. In der christlichen Feier des Pfingstfestes geht es um das Sichtbarwerden der Gemeinde des neuen Bundes. Das Pfingstfest wird daher auch als "Geburtstagsfest" der Kirche bezeichnet.

Ostertermin

Der ständige Kontakt und die zunächst parallele Entwicklung der christlichen Gemeinden zu den jüdischen ist auch der Anknüpfungspunkt für das Datum der christlichen Osterfeier. Man orientierte sich an den "offiziellen" Osterterminen des Judentums. Besonders im Mittelpunkt des Denkens stand zunächst das wichtigste Datum: das Leiden Jesu als das "wahre Osterlamm" und der konkrete Tag seines Todes an einem Passah.[45] Dies war der Tag des Heils, der Tag einer Äonenwende. Es ging dabei um "einen Glauben, der immer auf ein historisches Geschehen zurückgeführt wurde und dem man sogar die astronomischen Himmelsverhältnisse zugeordnet hat "[46]

Zunächst wurde das Passafest der Juden weiter mitgefeiert, wenn auch mit der zusätzlichen Bedeutung, die das Passahmahl durch die Erinnerung an das Abendmahl einerseits, das wahre Osterlamm Christus andererseits erhielt; der dritte Tag des Festes wurde zum Tag der Feier der Auferstehung Christi. Zuerst feierten die Christen (orientiert an den Terminen der Juden) immer am Abend des 14. Nisan (lat. quarta decima) und in der Nacht zum 15. Nisan mit Fasten, Lesung der Geschichte vom Auszug aus Ägypten, Exodus 12, Agape und Eucharistie am frühen Morgen.

Bedacht werden muß einerseits, daß es "damals" keine Taschenkalender zu kaufen gab und die Bestimmung jeden Monats ein besonderes Geschäft war, das astronomisches und mathematisches Wissen und Können erforderte. (Es gab in den einzelnen Städten, Regionen und Herrschaftsgebieten ja sehr unterschiedliche, z.B. am Mond oder an der Sonne orientierte Kalender, Jahreszählungen von der Erschaffung der Welt an oder vom Regierungsantritt des jeweiligen Kaisers usw.)
Vor allem mußte die christliche Gemeinde, je mehr sie sich von der jüdischen Gemeinde abkoppelte, auch ein eigenes Kalenderwesen auf die Beine stellen, um den "korrekten" Termin des Osterfestes zu bestimmen und um den Tag des entscheidenden Geschehens zu wissen. Heute kann mit gewisser Sicherheit gesagt werden, daß der entscheidende Termin der Tag der Kreuzigung Christi, der 7. April 30 war.[47] Verschiedene Kalender und Berechnungssysteme mit unterschiedlichen Monatsnamen, unterschiedlicher Tageszählung und unterschiedlichen Jahresanfängen waren aber im Umlauf, die miteinander ausgeglichen und verglichen werden mußten. (Vermutlich durch solche Berechnungen kam es auch zu einem zweiten möglichen Passionstermin, dem 25. März 29.)

Mit dem Konzil von Nicäa 325 setzt sich die Abkoppelung vom jüdischen Kalender und vom jüdischen Passahtermin "amtlich" durch: Die Osterfeier der "Heidenchristen", (also der Christen, die ursprünglich nicht Juden waren und für die die jüdischen Feste von vornherein nicht selbstverständlich waren) am Sonntag nach dem ersten Vollmond nach Frühlingsanfang wird zum überall anwendbaren, aber auch in der Reichskirche überall verbindlichen Ostertermin. Dieser Termin war leicht und einheitlich zu bestimmen; man war unabhängig von den Monatsfestlegungen des jüdischen Kalenderwesens. Folgerichtig wandert auch das Pfingstfest –sonntagsbezogen– überall auf den Sonntag 50 Tage nach dem so bestimmten Ostersonntag. Die sich so ergebenden Termine der beweglichen Feste wurden jährlich am 6. Januar in den "Osterfestbriefen" bekanntgegeben.
Geblieben aber ist, daß diese zwei Feste (Passah/Ostern, Pfingsten) wie auch immer sie *festgelegt* wurden, sich weiter im Prinzip am vom Mondumlauf geprägten jüdischen Kalender und an der jüdischen Siebentagewoche orientieren. So gibt es bis heute keine festen Ostertermine, sondern alle damit zusammenhängenden Feste "wandern", entsprechend dem Ausgangspunkt, letztlich doch orientiert am Passahfest. Die starke Vorbildwirkung des jüdischen Festkalenders bleibt deutlich, obwohl es für die Christen mit dem 7. April 30 einen Termin gab, der sich als Bezugspunkt für ein "Jubiläum", für eine Gedächtnisfeier geeignet hätte. Jedoch ging es für die meisten Christen an Karfreitag und Ostern nicht um das bloße Gedenken an ein

Geschehen in der Vergangenheit: bei diesen Festen steht auch für die Christen der Vergegenwärtigungscharakter ("Heute ist dieser Tag für Euch") im Mittelpunkt. Es geht ja um die Zeit und Ewigkeit aufsprengende Botschaft vom auferstandenen, wiederkommenden Herrn und seiner Gemeinde.

Laubhüttenfest

Das 3. jüdische Hauptfest, das *Laubhüttenfest*, wurde von den Christen nicht übernommen. Chrysostomos hat immer wieder gegen das Mitfeiern und die Beteiligung von Christen bei den Bräuchen dieses Festes polemisiert. Als Gründe, die gegen die Übernahme dieses Festes durch die Christen sprachen, werden von Paul Cassel[48] angeführt:

- die Schwierigkeit, dies Fest außerhalb des heiligen Landes zu feiern, da es so stark an den Tempel gebunden war
- die Aufhebung des Festhöhepunktes am 8. Tag (Wasserschöpfungsfest) durch Jesus (Johannes 7, 37–39) durch Umdeutung auf ihn selbst "Wen da dürstet, der komme zu mir und trinke!"
- Weiter die enge Verbindung des Laubhüttenfestes mit dem vorangehenden "Versöhnungstag", gegen den die damaligen Theologen stritten. "Es ging nicht an, gegen jede Feier eines Versöhnungstages zu streiten und doch die Zeit des Laubhüttenfestes zu feiern, dazu standen sich jüdische und christliche Traditionen und Verhältnisse noch zu nahe."[49]
- Ferner auch die inhaltlichen Verbindungen, die es zwischen Laubhüttenfest und der Feier der Tempelweihe für den ersten Tempel, den Tempel Salomos gab.

Weihnachten – das andere Fest

Nun hat die Christenheit aber mit dem Weihnachtsfest *auch* ein 3. Hauptfest. Es unterscheidet sich von den bisher erwähnten Festen, da es sich so oder so an einem *festen Datum* innerhalb des Sonnenkalenders orientiert. Gefeiert wird heute als Christgeburtsfest der 25. Dezember (weltweit) oder der 6. Januar (Armenien).

Das Christfest handelt nicht von der endzeitlichen Rolle Christi, sondern von der historischen Erscheinung des Herrn. Damit ist ein konkretes, ein historisches *"Datum"*, eine *Gegebenheit* bezeichnet, die dann sogar zum Ausgangspunkt einer eigenen Zeitrechnung wurde. Denn es geht ja nicht nur um die Inkarnation des Heilands in die Natur und den Kosmos. Zur wirklichen Fleischwerdung in der Schöpfung und zur wahren Menschheit Jesu gehört auch die Geschichtlichkeit.

Wir können und wollen nun nicht erörtern, wann das ("standesamtliche") Datum der Geburt war, sondern *woher* das heutige Datum des

Festes kommt, warum es sich (fast) allgemein durchgesetzt hat und ob und wenn ja, wie dies Fest vom Ursprung her christlich ist, welche frühchristliche (inhaltliche) Autorität es beanspruchen kann.
Im Laufe der Zeit hat es dazu verschiedene Antworten gegeben. In einem alten Kalender, dem Chronographen des Philocalus von 354 heißt es

> *"VIII. kal. Jan natus Christus in Betleem Iudeae"= "Am 8. Tage vor den Kalenden des Januar ist Christus zu Betlehem in Judäa geboren",*

d.h. also am 25.12.. Es findet sich hier auch eine Angabe über ein Fest der Christgeburt am 25.12. in Rom für das 4. Jahrzehnt desselben Jahrhunderts. Mindestens seit 336 muß also dieser am Anfang des Kalenders stehende Termin in Rom in der Kirche bereits gefeiert worden sein und soll als Beginn des (Kirchen-)Jahres gegolten haben.
Ob er sich noch früher nachweisen läßt, ist immer noch umstritten:
- Das Fest könnte, zusammen mit dem Sonntag, erst nach 313 oder 324 im Zeichen der "Konstantinischen Wende" eingeführt worden sein.
- Möglich wäre es aber auch, daß der Festtag eine Reaktion auf den Sonnenfeiertag des Aurelian (ab 275) wäre.
- Cassel rechnet sogar mit der umgekehrten Entwicklung: Der Sonnenfeiertag sei von Aurelian 274 nur geschaffen worden, um ein längst existierendes christliches Fest am 25.12. zu bekämpfen.[50]

In Rom wurde also von Anfang an die Geburt, wenn überhaupt, dann am 25.12. gefeiert; der Epiphaniastag hatte hier wohl von Anfang an einen besonderen Inhalt. Im Westen wird dies Epiphanias genannte Fest erstmalig erwähnt von einem heidnischen Schriftsteller, Amianus Marcellinus, der berichtet, wie Kaiser Julian, später: Julian "Apostata"(="der Abtrünnige"), den Gottesdienst zum Epiphanias-Fest 361 in Paris noch mitfeiert. (Das Fest verbreitete sich in der ganzen Christenheit als Tauffest Jesu erst, nachdem die Feier der Geburt eindeutig auf den 25.12. gerückt war). In (Nord-) Afrika gab es zunächst allein das Fest am 25.12.; erst im 4. Jahrhundert wurde hier das Epiphaniasfest eingeführt.[51]
Anders im Osten des Reiches: Hier gab es den Termin des 6. Januar für das Fest der Christgeburt und Taufe. Eine christlich-gnostische Sekte, die Basilidianer, feierten schon im 2. Jahrhundert an diesem Termin die Taufe Jesu im Jordan am Wasser des Nils. Manche Wissenschaftler meinen, die ägyptische Kirche habe erst zu Beginn des 4. Jahrhunderts dieses Fest der Basilidianer übernommen und Taufe und Geburt Jesu zu diesem Termin gefeiert.

Vom "Datum" zum "Termin"

Inhalt und Grund des Festes, der ja schon mit den Geburtsgeschichten des Matthäus- und Lukasevangeliums feststand, waren klar. Aber bei der Frage eines gemeinsamen *Termins* für ein *gemeinsames Fest* der Christgeburt gab es Schwierigkeiten. Sicherlich nicht deshalb, weil man sich nicht einigen wollte oder weil man noch gar keinen Termin hatte, sondern eher deshalb, weil es inzwischen sehr *verschiedene* Traditionen über den richtigen Termin des Geburtsfestes gab.

Da aber eine verbindliche Überlieferung dieses Termins so wenig existierte wie ein Kirchenbuch in Bethlehem, (auch die Kindheitsgeschichten der Evangelien bieten ja keinen Anhaltspunkt für die Datierung nach Monat und Tag), mußten die verschiedenen schon gefeierten Termine durch theologische Überlegungen und unterschiedliche heilsgeschichtliche Konstruktion gegeneinander abgewogen, abgesichert und begründet werden. Es liegt nahe, daß in diese Suche nach einem gemeinsamen, verbindlichen Termin theologische Grundsatzüberlegungen spätestens jetzt mit eingeflossen sind. Denn jede Region und Tradition, die zunächst einmal ihren eigenen herkömmlichen Termin ganz selbstverständlich hat haben können, mußte ihn jetzt begründen und ggf. gegen andere Termine verteidigen: mit Gründen des Alters, der theologischen Autorität (Verweis auf bedeutende Apostel als Garanten des richtigen Termins), der korrekten Kalenderberechnung oder auch der theologischen Korrektheit. Nur ein Festdatum, das auch theologische "korrekt" war, also mit den theologischen Grundsatzentscheidungen der Konzilien übereinstimmte, konnte sich durchsetzen.

Als weiter Kriterien möchte ich noch nennen:

- Nur ein Festdatum, das einen Ansatzpunkt im Sinne Inkarnation in die Geschichtlichkeit hatte, konnte den Sinn des Festes zum Ausdruck bringen.
- Das Fest mußte ("positiv" oder in Abgrenzung) in Schrift und Tradition (des Judentums) festzumachen sein.

Inkarnation in die Geschichte

Anfangs war christliches Zeit- und Geschichtsbewußtsein eingebunden in die vom Judentum übernommene biblische Geschichte von Abraham über die Propheten bis zu Jesus, aber auch schon verknüpft mit der Weltgeschichte durch die Hinweise auf die Ära des jeweiligen Herrschers (vgl. z.B. Matthäus 2,1; Lukas 2,1 f; Lukas 3,1)[52].

Mehr und mehr kam es dann zu dem Gedanken, vor allem "unter der Herrschaft", ja in der "Ära Christi" zu leben; dies läßt sich nachweisen an den Datierungen von Märtyrerakten, wo es z.B. schon in der Mitte des 2. Jahrhunderts heißen kann:

> "Der selige Polykarp erlitt den Martertod ...unter dem Prokonsulat des Statius Quadratus, unter der ewig währenden Herrschaft unseres Herrn Jesus Christus"[53]

Dionysius Exiguus erläutert viel später zu seiner ab 525 erstellten Ostertafel die von ihm vorgenommene neue Kalenderzählung "nach Christi Geburt" damit, daß der frühere Osterkalender nach der Ära Diokletians begann. Daher

> "wollten wir unseren Zyklus nicht mit der Erinnerung an diesen Gottlosen und Christenverfolger verbinden, sondern haben es vorgezogen, zu Beginn die Zeit nach Jahren seit der Geburt unseres Herrn Jesus Christus zu notieren, damit der Anfang unserer Hoffnung uns vertrauter werde und die Ursache der Wiederherstellung der Menschheit, nämlich das Leiden unseres Erlösers, klarer hervortrete." [54]

Die inhaltliche und formale Gründung des Festes hängt mit den theologischen Fragen der Zeit im 2. Jahrhundert zusammen. Das Christentum hatte sich dezentral und daher auch regional sehr unterschiedlich entwickelt. Die entstehende Reichskirche mußte zu einer theologischen und liturgischen Vereinheitlichung kommen. So wie sich die Kirche auf einen "Kanon", die 27 zu verwendenden neutestamentlichen Schriften, einigen mußte, – die Debatte dauerte ungefähr von 144 bis 367 -, so mußte auch bei den verschiedenen Festen herausgeschält werden, was für alle verbindlich zu gelten habe, was noch möglich und was nicht mehr kirchlich sei.
Zu Beginn des 4. Jahrhunderts ging es in der Kirche um die Auseinandersetzung mit den Lehren des Arius (260–336). Seine Lehre war, auch der Sohn sei von Gott geschaffen, sei keine Person der göttlichen Trinität und Gott nicht-ähnlich. Christus sei daher nur Geschöpf und weder Offenbarer noch Erlöser im vollen Sinne. Demgegenüber formulierte das Konzil von Nicäa 325, der Sohn sei "Wahrhaftiger Gott vom wahrhaftigen Gott, *geboren,* nicht geschaffen, wesensgleich mit dem Vater". Das nizänische Glaubensbekenntnis formuliert:

> *"gezeugt aus dem Vater, (d. h. aus der Substanz des Vaters), Gott von Gott, Licht vom Licht, wahrer Gott vom wahren Gott, gezeugt, nicht geschaffen"*

Das Fest wird in diesem Kontext Bekenntnis zur wahren Gottheit des wahrhaftig Mensch gewordenen Sohnes Gottes, es wird zum Fest des Mysteriums der Inkarnation. Schon die Johannesbriefe haben dieses Motiv gegen den Doketismus, der von einem Scheinleib redet, gesetzt:

> *"Ein jeglicher Geist, der da bekennet, daß Jesus Christus ist in das Fleisch gekommen, der ist von Gott".*

Dies Inkarnationsmotiv machte Weihnachten zum Fest der rechtgläubigen Kirche. Die Geburt bekam so eine sehr wichtige Bedeutung; das Geburtsfest zur Feier Christi war deshalb nicht nur ein Fest der vollen Menschheit Christi, sondern zugleich ein Fest, mit der die Glaubensaussage der vollen Gottheit – weil geboren, nicht geschaffen – unterstrichen wurde.

Religionsgeschichtliche Hypothese

Besonders wirkungsmächtig zur Erklärung der Ursprünge des Christentums und seiner Traditionen war früher einmal die sogenannte *"religionsgeschichtliche" Hypothese*. Im vorigen Jahrhundert kam es zu einer Fülle religionsgeschichtlicher Informationen und Erkenntnisse; scheinbare oder auch tatsächliche Ähnlichkeiten in den Religionen wurden als echte Parallelen oder Abhängigkeiten interpretiert. So wurde auch das Weihnachtsfest vor allem gedeutet als Übernahme oder Überformung heidnischer Feste und Vorstellungen verschiedener Herkunft.

Die religionsgeschichtliche Hypothese ging davon aus, daß die verschiedenen Termine des Geburtsfestes zusammenhängen mit Festen anderer Religionen. Ursprünglich ging man dabei sogar von der Übernahme heidnischer Feste und Vorstellungen durch die frühen Christen aus.

> "Die in dieser Richtung fortschreitende Theologie schwelgte in Entdeckungen. Paulus schien sich immer mehr als eine Erscheinung der orientalisch-griechischen Gnosis zu offenbaren. Die Geschichte der christlichen Sakramente hellte sich, so schien es, durch die weitverzweigten älteren und neueren Analogien zu sakramentalem Essen und Trinken und kultischen Waschungen zusehends auf." [55]

Später hieß es abgeschwächt immerhin noch, die Kirche habe auf diese angeblich schon vorhandenen Feste in kämpferischer, polemischer oder volksmissionarischer Absicht ihr Fest hinaufgelegt. Jetzt nahm die religionsgeschichtliche Richtung in der Theologie "gewissermaßen einen doppelten Ursprung des Christentums"[56] an.

> Die Jünger und Paulus hätten aus historischem Jesus und gnostischen und synkretistischen Gedanken eine Mysterienreligion geschaffen "die den andern mit der Zeit den Rang ablaufen sollte. Die Annahme, daß das Urchristentum zunächst eine innerjüdische Erscheinung gewesen sei, wurde mehr und mehr verlassen".[57]

Für den 25. Dezember z.B. wird nach dieser Hypothese angenommen, daß an diesem Termin der römische Kaiser Aurelian vom Jahre 274 an ein Fest der "Unbesiegbaren Sonne" angesetzt habe, in der Nähe der Wintersonnenwende. Christen hätten die Christgeburt auf diesen Tag gelegt mit der missionarischen Anknüpfung "Wir feiern die wahre Sonne" (Maleachi 3,20, Sonne der Gerechtigkeit), um das Fest zu verchristlichen.

In klassischer Weise faßte Oscar Cullman 1990 noch einmal die von ihm vertretene, wenn auch modifizierte Position der "religionsgeschichtlichen" Hypothese in Bezug auf das Christfest zusammen:

> "Unser Weihnachtsfest vom 25. Dezember ist den Christen der drei ersten Jahrhunderte unbekannt gewesen. Bis zum Anfang des vierten Jahrhunderts ging dieser Tag, der späterhin ein zentrales Datum in der christlichen Kirche darstellt, für die Christen sang- und klanglos vorüber, ohne daß sie sich zum Gottesdienst versammelten und ohne daß die Geburt Christi auch nur erwähnt wurde. Dagegen werden wir sehen, daß der 25. Dezember zu dieser Zeit im heidnischen Römerreich als besonderes Fest der Anbetung der Sonne gewidmet wurde."[58]

Der Anstoß zum Fest überhaupt wird zwar heute auch bei den Vertretern der "religionsgeschichtlichen Hypothese" einhellig auf innerchristliche, innertheologische Gründe zurückgeführt, jedoch werden die gefundenen *Daten* (6. Januar, 25. Dezember) auf außerchristliche Feste zurückgeführt.

Der 25. Dezember sei in Rom gewählt worden, angeblich wegen des Grundes

> "daß der 25. Dezember im Heidentum als besonders wichtiger Festtag dem Sonnengott zu Ehren gefeiert wurde und (...) der Kaiser Constantin der Große bewußt Sonnenkult und Christuskult verbinden wollte."[59]

Auch für den zweiten Weihnachtstermin, den 6. Januar, hat die religionsgeschichtliche Hypothese eine Erklärung. Auch für dieses Fest wird die Übernahme eines heidnischen Festes bzw. eines heidnischen Festtermines behauptet. In Ägypten gab es in der Nacht vom 5. zum 6. Januar ein Dionysosfest; auch habe es ein Fest der Geburt des

Gottes Aion, der Verkörperung der Zeit/Ewigkeit gegeben. Auch gab es im Isis-und Osiris-Kult ein Fest am 6.1.: Der zerstückelte Osiris wird Mitherrscher der Totenwelt; aber einmal in Jahr, am 6.1., komme er aus dem Nil ans Land, was gefeiert werde.
Die offensichtlich schon sehr früh in der Christenheit u.a. durch eigenständige *Berechnung* (s.u.) begründeten Daten des 25.12 und des 6.1. werden auch heute noch im Sinne der religionsgeschichtlichen Hypothese relativiert (sie hätten einen Hintergrund in anderen religiösen Traditionen) und für die Überlegung, warum die Feier auf den 25.12. gelegt worden ist, bleiben sie außer Betracht:

> "Ich bemerke gleich, daß jene Berechnung des Geburtsdatums auf den 25. Dezember, die wir unter vielen anderen ähnlichen Berechnungen gelegentlich vorfinden, hierzu kaum den Anstoß gegeben, sondern diese Entwicklung vielleicht gefördert hat." behauptete Cullmann. [60]

Weihnachten und das Römische Fest der unbesiegten Sonne

Das Geburtsfest Jesu am 25.12. sei also die Umfunktionierung des Festes des unbesiegten Sonnengottes (natale solis invicti). Eingeführt wurde dieses Fest allerdings erst 274 durch den römischen Kaiser Aurelian, der nur von 270–275 regierte. Ob es ihm gelang, noch eine dauerhafte Festtradition zu etablieren, ist zumindest zweifelhaft. Es ist mir nicht einmal sicher, ob dieser Termin wirklich auf den 25.12. und nicht auf den 1.1. gelegt wurde. [61]
Die Stütze für die Behauptung, am 25.12. habe es ein solches Fest der unbesiegten Sonne gegeben, wird gesucht in einem Kalendervermerk

> *"VIII kal.ian. n Invicti. c m XXX"*

Diese Kalendernotiz ist zu "n(atalis) (solis) Invicti", also zu "Geburtstag des unbesiegten Sonnengottes" ergänzt und gedeutet worden. "sdis" wurde also nur interpoliert! Der 8. Tag vor den Kalenden des Januar ist der 25.12..
Cassel[62] wendet mit Berufung auch auf andere Wissenschaftler ein, "Invictus" sei zu dieser Zeit in Rom normaler Beiname der Kaiser gewesen, die Notiz sei ein "Geburtsfest" des zu der Zeit lebenden Kaisers Constantius gewesen; die Notizen auf das Kaiserhaus hin seien in dem Kalender ohne genauere Bestimmung des Gemeinten erfolgt, dagegen seien die Götterfesttage stets mit Namen angegeben und auch bei den Sonnenständen finde sich stets das "Sol." als Hinweis.

Die alte römische Zeit kannte wohl kein besonderes Fest zur Sonnenwende. Es wurde wohl erst eingeführt, als orientalisches Heidentum sich nach vorn drängte. In der Naturphilosophie, die sich auf die

Sonne konzentrierte, fand sich das Heidentum zu einem einheitlichen Pantheismus zusammen, Helios/Sol wurde für kurze Zeit zum offiziellen Staatsgott des römischen Reiches erhoben. Deshalb also argumentiert Cassel sogar, der Sonnenkult sei gegen das Christfest in Stellung gebracht worden und nicht umgekehrt!

Julfest

Die "religionsgeschichtliche" Hypothese der vermuteten Beerbung eines vorhandenen (römischen) Festes wird immer wieder auch für das (nicht deutsche oder germanische, sondern skandinavische) Julfest vertreten. Diese Vermutung ist aber offensichtlich falsch. Im Gegenteil: Erst im Jahre 940 (also im Mittelalter!) verlegt Hakon der Gute dieses Mittwinterfest von Mitte/Ende Januar auf den Tag des Christfestes am 25.12. – vielleicht auch, damit nicht zulange durchgefeiert werden muß. Er selbst als christlicher Herrscher verlegt den Mittwinterschmaus, zu dem er seine Lehensleute wohl einzuladen hat, vom alten Julfest-Termin auf den 25. Dezember vor, nicht umgekehrt. Terminlich setzt sich also gerade das neue, inhaltlich starke Fest gegen das alte Fest durch. Es ist aber dennoch leicht vorstellbar, daß Mittwinterbräuche, auch solche mit wirtschaftlichem oder politischem Hintergrund, mit dem Namen Jul auf den neuen Termin wandern.

Anmerkungen zur religionsgeschichtlichen Hypothese

Als "Lieblingsthese des 19. und 20. Jahrhunderts über die Entstehung von Weihnachten" hat Leonhardt Fendt die heute als "religionsgeschichtlich" bezeichnete Hypothese bezeichnet, das Weihnachtsfest sei ein "umgetauftes", christianisiertes, ursprünglich heidnisches Fest oder wenigstens ein auf einen heidnischen Stamm aufokuliertes Fest.
Auch in anderen Forschungsbereichen, besonders der Volkskunde, kehrte nach und nach eine nüchterne und realistische Sicht wieder ein; man fragte z.B. nach dem "Sitz im Leben", dem konkreten (sozialen) Ort und der aktuellen Bedeutung einer Schrift, eines Textes oder Liedes, auch eines Festes. Dagegen war aber der Bereich, der mit Sitte und Brauchtum zusammenhing in Deutschland spätestens seit den Brüdern Grimm das Feld, auf dem u.a. Indizien und Beweise für eine hochstehende, eigenständige Religion und Kultur der Germanen gesucht wurden. Für die Theologie waren diese "äußerlichen" Bereiche des Brauchtums lange Zeit nicht wichtig. Sie berührten nicht das "Eigentliche". Deshalb blieben wohl auch die Hypothesen der "reli-

gionsgeschichtlichen Schule" und der Volkskundler in der Tradition der Grimms lange unwidersprochen und prägten Fachliteratur und Lexikonartikel für eine lange Zeit. Albert Schweitzer hatte zwar schon 1913 über die Schwächen der religionsgeschichtlichen Schule ausführlich kritisch geschrieben; dennoch haben ihre Hypothesen u.a. zum Weihnachtsfest, vor allem durch ihre populärwissenschaftlichen Ausläufer, z.B. in der Anthroposophie, die weitere Diskussion über Jahrzehnte erheblich bestimmt.[63]
Christliche Sekten stützen sich auf die von ihnen z.T. mißverstandene und überbewertete Hypothese von der "Übernahme" heidnischer Feste, um diese Feste als "heidnisch" zu verteufeln, während z.B. germanomane Gruppen behaupten, die religionsgeschichtliche Hypothese "beweise", daß das Christentum "germanisches" verfälscht oder gar gestohlen habe. Noch nicht durchgesetzt hat sich das Wissen, daß seit den fünfziger Jahren die "religionsgeschichtliche Hypothese", was das Weihnachtsfest betrifft, von Fachleuten kaum noch im engen Sinne vertreten wird: In der Frage der Entstehung des Festes geht man heute vor allem von innertheologischen Gründen aus, nur als Grund für die jeweilige konkrete Datierung gehen manche noch heute vom Bezug auf heidnische Feste aus.

Religionsgeschichtliche Hypothese heute

Heute wird die "religionsgeschichtliche" Hypothese stark modifiziert und abgeschwächt vertreten. Insbesondere hat O. Cullmann diesen Ansatz, zumindest mit der Ausgangsposition der "Berechnungshypothese" (siehe unten) harmonisiert. Er weist hin auf den durchaus christlichen Sinn eines auch mit dem kosmischen Geschehen zusammenhängenden Tages (Sonnenwende), der bezeichnet, daß Christus, der Erlöser der Menschheit, auch der Erlöser der ganzen Schöpfung ist. Damit schlägt er eine Brücke zwischen der religionsgeschichtlichen Ableitung einerseits, der Jahrespunkte-Spekulation und der Berechnung von Ostern her andererseits. Man wundert sich daher umso mehr über die abwertenden Bemerkungen Cullmanns über "Spielereien" und "Spekulationen", wenn er selbst zu dem Fazit kommt:

> "So liegt es denn durchaus auf dieser neutestamentlichen Linie, wenn nun das Fest der Geburt Christi, das vom Karfreitag her zu beleuchten ist, auch wie dieser mit dem Naturgeschehen zeichenhaft in Beziehung gebracht wird."[64]

Apologetische Begründung des Christfestes

Die christlich eher nachvollziehbare Variante der "religionsgeschichtlichen Hypothese" ist die sogenannte "Apologetische Begründung". Nach ihr reagierte die römische Kirche mit der Festsetzung von Daten für ihre Feier der Geburt des Herrn auf den neueingeführten *Termin* des Natalis Solis Invicti (Geburtstag des unbesiegten Sonnengottes– T.G.), am 25. Dezember,

> "änderte aber den Inhalt des heidnischen Festes ganz christlich, indem sie in der Sonne nicht mehr den Sol invictus der heidnischen Naturreligion, sondern Christus, den von Malachias (4,2) verheißenen wahren Sol iustitiae, die "Sonne der Gerechtigkeit" erkannte und bekannte."[65]

Gewiß gab es die christliche Anknüpfung an heidnische Vorstellungen. Wie der Prophet Maleachi das Aufgehen der Sonne der Gerechtigkeit voraussagt:

> *"Euch aber, die ihr meinen Namen fürchtet,*
> *soll aufgehen die Sonne der Gerechtigkeit*
> *und Heil unter ihren Flügeln" (Maleachi 3,20)*

konnten die Christen mit der Darstellung Christi als Sonne vor allem diese alttestamentliche Prophetie in Anspruch nehmen, zugleich aber auch das Bild des Sonnengottes auf Christus übertragen. Konstantin selbst sah durch Christus den Sol invictus überwunden und konnte betend schreiben:

> "Du hast durch deinen Sohn ein reines Licht aufgehen lassen und so alle an dich erinnert."

321 erklärte Konstantin den Sonntag zum Ruhetag, nicht aus Anhänglichkeit an den Sonnenkult, denn der war schon wieder im Schwinden. Selbst von den Münzen verschwanden nun nach und nach die Sonnensymbole.

Das Weihnachtsfest als Geburtstagsfest und Epiphanie

Die Feier des Geburtstages des Kaisers stellte im römischen Reich nicht nur Erinnerung, sondern zugleich Verherrlichung, Offenbarung, Machtentfaltung dar. Epiphaneia und Theophaneia: Diese Worte wurden nicht nur benutzt für die sichtbare Erscheinung eines Gottes, sondern auch für die feierlichen Besuche des als Gott verehrten Herrschers in den Städten der Provinz. Besonders die Kaiser Aurelian und Diokletian (– 305)ließen sich ausdrücklich "dominus und deus" nennen, beanspruchten also zu Lebzeiten Gotteswürde.

Wenn tatsächlich ein Kaiserfest Pate beim Christgeburtsfest gestanden hat, dann hätte das Christfest diesen starken Bezug, der zugleich ein herrschaftskritischer Zug ist. Es wäre also nicht nur ein Erinnerungstag, sondern ein Tag der Herrschaftsproklamation, einer Herrschaftsproklamation, die man nur als Verkehrung des auf Erden üblichen bezeichnen kann. So wie die Christen ihren gekreuzigten Heiland mit dem Kaisertitel "kyrios" anreden, so proklamieren sie mit der Feier des Geburtstags des Krippenkindes die Erscheinung, den Machtantritt eines anderen als eines hochherrschaftlichen Gottes.
Luther dichtete:

> *"Er äußert sich all seiner Gwalt, wird niedrig und gering*
> *und nimmt an sich eins Knechts Gestalt, der Schöpfer aller Ding.*
> *Er wechselt mit uns wunderlich: Fleisch und Blut nimmt er an*
> *und gibt uns in seins Vaters Reich die klare Gottheit dran.*
> *Er wird ein Knecht und ich ein Herr; das mag ein Wechsel sein!*
> *Wie könnt es doch sein freundlicher, das herze Jesulein."*[66]

Was als Theologenaussage schwer zu fassen ist, hier wird sie greifbar, die Menschwerdung Gottes. Die Faszination der Weihnacht bis heute besteht wohl darin, daß dieser unfaßbare Einbruch der göttlichen Wirklichkeit in gegenwärtige, alltägliche Umstände erzählt, gesungen und gefeiert wird.

Zwischenergebnis:
Wir wollen festhalten:

- Seit Anfang des zweiten Jahrhunderts waren die Geburtsevangelien nach Matthäus und Lukas im ganzen christlichen "Gebiet" verbreitet und bekannt.
- Bethlehem hatte seine Pilgertradition.
- Das Fest der "Unbesiegten Sonne" wurde erst 274 durch Aurelian eingeführt.
- Die Einführung des Weihnachtsfestes am 25.12. erst in der Mitte des 4. Jahrhunderts, gegen ein "Sonnenfest" gerichtet, erscheint auch deshalb fragwürdig, weil spätestens mit dem Tode Julians des "Abtrünnigen" 363 der Sonnenkult keine Rolle mehr spielte.

Zu fragen aber bleibt:

- Warum wurden Sabbat/Sonntag, Passa/Ostern und Wochenfest/Pfingsten aus dem jüdischen Jahresfestkreis mehr oder weniger selbstverständlich übernommen, nicht aber das 3. jüdische Hauptfest, das Laubhüttenfest? (Manche christliche Sekte, wie die "Weltweite Kirche Gottes" feiert es heute als das Hauptfest und als Ersatz für Weihnachten!) Anders: Warum sollte gerade das dritte christliche Fest, das ein historisch festgemachtes Geschehen (Vgl. Lukasevangelium) feiert, ausgerechnet an einem mythischen Fest (Sonne) festgemacht werden?

- Warum wäre in Bezug auf das Weihnachtsfest ein übernommenes bzw. abgelehntes heidnisches Fest plausibler, naheliegender als die Übernahme oder Abgrenzung von einem jüdischen Fest?
- Muß das Fest der Inkarnation nicht neben allen theologischen Ableitungen und apologetischen Entgegensetzungen auch einen konkreten, *historischen Ansatzpunkt* haben?

Berechnungshypothese

Mehr und mehr durchgesetzt hat sich seit Mitte dieses Jahrhunderts die "*Berechnungshypothese*". Danach ist der Weihnachtstermin und damit auch das Fest aus christlich motivierter Kalenderberechnung herzuleiten. Bekannte, mehr oder weniger feststehende Daten, insbesondere der 7.April 30, Festtermine (des Osterfestkreises), theologisch bedeutsame und auch als Kalendereckpunkte auffällige "Jahreszeitenpunkte" oder auch spekulativ gewonnene "typologische" Daten seien Ausgangspunkt von Berechnungen geworden, um einen Geburts- und späteren Festtermin zu errechnen.
Die Berechnung des Geburtstermins wurde zwar von Kritikern der Berechnungshypothese wie Cullmann als "allerhand Spekulationen" "einiger Christen des Altertums"[67] bezeichnet, ja sogar als "Spielereien" bewertet. Diese Abqualifizierung geht an dem großen Ernst und der angestrebten möglichst großen Genauigkeit der Berechnungen völlig vorbei, ging es doch den Berechnern um die Wahrung der Kontinuität und sogar die Erreichung einer möglichen terminlichen Identität mit dem historischen Christusgeschehen[68].
Die Berechnungshypothese setzt ja gerade an bei der Beobachtung, daß für die frühen Christen wie für die jüdische und heidnische Umgebung Tage, Daten und Kalender keine Spielereien, sondern extrem lebenswichtige und bedeutungsvolle Fixpunkte und Orientierungsrahmen waren. Feste und Termine stellten nicht einfach eine Rechengrundlage dar, sondern verbanden die Gegenwart mit der Vergangenheit und mit der Ordnung, die Gott der Schöpfung gegeben

hatte. Selbst die Festlegung der Neumondtermine, und damit der Feiertage, aber auch der schlichten Kalendertage oblag z.B. bei den Juden bis zur Zeit des Neuen Testaments und der Zerstörung des Tempels einer zentralen religiösen Instanz.

Es sollen hier noch zwei weitere wichtige Ansatzpunkte solchen rechnenden Ordnungsdenkens genannt werden:

- die Woche, die mit der Schöpfungswoche korrespondierte. So wie am ersten Tag der Schöpfung Licht und Dunkel von einander geschieden wurden, war der erste Tag der Woche der Sonntag; und so wie der letzte Tag der Schöpfung der Ruhe Gottes galt, galt am siebenten Tag der Sabbat. Der sechste Tag, der Freitag, sei der Tag gewesen, an der der Mensch geschaffen wurde, an dem der Sündenfall geschah, an dem auch das Heil der Menschen im Opfertod Jesu geschah.
- die Lebensalterspekulation. Man nahm an, daß ein vollendetes Leben "voll" sein müsse. Geburts- und Todestag fallen so auf den gleichen Termin. (Die immer wieder ins Feld geführte Beobachtung, Christen hätten ursprünglich Geburtstage abgelehnt, Gedenktage des Martyriums und Todes jedoch gefeiert, wird damit entscheidend relativiert.) – Übrigens wurde auch angenommen, die typologische Übereinstimmung zwischen Menschen führe zu gleichen Lebensdaten, wodurch für Jesus z.B. die selben Lebensdaten angenommen werden konnten wie für Isaak.

Das Fest zwischen Todestag und Geburtstag

Eine alte judenchristliche Tradition legte den 1. Schöpfungstag und Geburtstag Jesu auf seinen Todestag, an dem nach jüdischer Tradition auch des Geburtstags und Opferungstages Isaaks gedacht wurde, den die frühen Christen stets als typologisches Vorbild Jesu gesehen hatten, also auf den 14. Nisan, den Frühjahrsmonat. Der 7. April 30, der überlieferte wahrscheinliche Todestag Jesu, *war* der 14. Nisan.

Die Vertreter der Berechnungshypothese gehen davon aus, daß ein noch so korrektes Datum, das identisch mit dem Todestermin war, schwerlich zu einem fröhlichen Jubiläum werden konnte. Deshalb habe man von diesem Termin aus weiterrechnen müssen.

Auch der andere manchmal genannte "Geburtstermin" im Frühjahr, nämlich beim Frühlingsäquinoktium am 25.3., teilt diesen Nachteil. Auch er war einmal (29) der 14. Nisan. Der Tag galt als der erste Tag der Welt, an dem Gott Licht von der Finsternis schied. Von diesem Tag hat man aber auch bis zum 4. Tag weitergezählt, der Erschaffung der Sonne, dann wäre der 28.3. in der "Neuen Schöpfung" das Datum der Erschaffung der Sonne der Gerechtigkeit. (Maleachi 4,2). Diese Berechnung findet sich in einem Osterkalender von 243 (Novatian).

Eine Tradition läßt den 1. Schöpfungstag mit dem Zeugungsdatum übereinstimmen. Wenn der 25.3. der erste Tag der Schöpfung ist, und in dieser Tradition auch der Tag des Isaakopfers, so sei dies der Tag der Empfängnis; dann sei der 25.12. – neun Monate später – der Geburtstag Jesu.

Mit dem selben Argument kommt man nun aber auch vom 7.April zum 6. Januar.

Nachdem einleuchtende, nicht traurige, aber dennoch mit der Heilsgeschichte direkt verbundene Termine gefunden worden seien, konnte sich nun ein Fest bilden und ausgestalten, entweder am 25.12. oder am 6.1.. Die Berechnungshypothese klärt also, *wie* man zu den Terminen gekommen sein könnte.

Schwierigkeiten der Berechnungshypothese

Mehr und mehr ist in den letzten Jahren deutlich geworden, daß zur Gewinnung einer Erklärung für die Daten des 25.12. und des 6.1. weniger auf religionsgeschichtliche Parallelen, sondern eher auf das jüdische und frühchristliche Kalenderwesen zurückgegriffen werden muß. Jedoch ergibt sich hier die weitergehende Frage: Kann man davon ausgehen, *daß* einfach von (irgend)einem, *irgendwie* sinnvollen Anfangstermin in die Zukunft gerechnet und dann "zufällig" ein bedeutsamer Treffer erzielt wurde? Hartke meinte in der Tat:
"Phantasie und Glück verketten sich bei mythologischen Chronologen oft sonderbar; (...)Basileides (um 130/140 n. Chr.-T.G.) traf mit seiner mythologisch-historisch-biologischen 'Methode' auf den 11. Tybi (=6. Januar– T.G.) als Tag der Geburt. Der 11. Tybi aber war in seiner Wahlheimat Ägypten einer der höchsten heidnischen Festtage."[69]
Inzwischen hat Strobel deutlich gemacht, daß der von den Basilidianern im 2. Jahrhundert gefeierte 11. Tybi, der 6. Januar, wohl vom 7.4. her errechnet wurde.

"Womöglich hilft uns der 11. Tybi auch das Rätsel der Enstehung des Weihnachtsfestes am 24./25. Dezember lüften. Nach E. Preuschen fiel der 11. Tybi im altägyptischen Wandeljahr für das Jahr 29 n.Chr. , das 15. Tiberiusjahr, auf den 24./25. Dezember."[70]

Ausgangspunkt der Berechnungshypothese für die Enstehung beider Termine des Weihnachtsfestes am 25.12. bzw. 6.1. ist also vermutlich der konkrete Termin des 7.4.30.

Der 6. Januar als Fest wenigstens der "geistlichen" Geburt ist von Titus Flavius Clemens, genannt Clemens von Alexandria, + vor 215, für die Basilidianer des 2. Jahrhunderts bezeugt;

> "er läßt sich indessen auch schon für Marcion, 50 Jahre vorherwirkend, folgern"[71]

und ist damit als schon bekannter, bedeutungsschwerer Termin, wenigstens für das Jahr 144 anzunehmen.
Vielleicht führt gerade die Berechnungshypothese, die auf beide Weihnachtstermine hinführen kann, den 6.1. aber als den älteren belegten Termin benennt[72] zu einer Klärung, warum es zur reichsweiten Durchsetzung des Termins 25.12. gegenüber dem 6.1. kam.[73]

Verbreitung des Weihnachtsfestes

Der Ursprung des Festtermins am 25.12. liegt also in der Kirche Roms vor 325. In Konstantinopel wurde der Termin des 25.12. als Geburtsfest erst ab 379 gefeiert. Solange hatte man zwar auch schon Weihnachten gefeiert, aber den 6.1.. Wesentlich beteiligt an der Durchsetzung des Termins des 25.12. waren Kaiser Konstantin und seine Mutter, die Heilige Helena. Kaiser Theodosius erhob den Weihnachtstermin 381 auf dem Konzil in Konstantinopel zum Dogma. Der Termin des 25.12 breitet sich jetzt von Westen nach Osten aus.
Der andere Weihnachtstermin, der 6. Januar verbreitet sich erst jetzt mit einer etwas anderen Bedeutung nun auch in Rom und Afrika, in der Westkirche. Epiphanias-Fest heißt wörtlich: "Fest der Erscheinung". In den Ostkirchen war es wohl das ältere Geburtsfest; im Westen wird der Termin angenommen und aufgenommen, aber nur mit den Inhalten, die an Weihnachten noch nicht so sehr zur Sprache gekommen sind: die Geschichte von den Magiern (Matthäus 2), die geleitet von einem Stern zum Jesuskind kommen, wird an diesem Tag erzählt. Heute heißt dies Fest "Tag der Erscheinung des Herrn" , volkstümlich ist "Heilige Drei Könige" oder "Dreikönigstag". Eigentlich ist aber garnicht von drei Königen, sondern von Magiern die Rede, auch nicht von dreien. Immerhin ist aber in Mt 2, 1–12, von drei Gaben die Rede, aus denen die Dreizahl der Magier von Origines (185–254) erschlossen wurde. (Die angeblichen Reliquien der Hl. drei Könige befinden sich übrigens seit dem 23.7.1164 in Kölner Dom.) Neben der Geschichte von den Magiern sind zwei andere Geschich-

ten der Evangelien mit diesem Tage verbunden: die Geschichte vom Tauffest Jesu und der Hochzeit zu Kanaa.

Bis heute ist der Tag des Weihnachtsfestes in der Armenischen Kirche der 6. Januar. Die Armenische Apostolische Kirche kennt die Feier am 24.25. nicht, sondern feiert als einzige christliche Kirche Christi Geburt und Taufe zugleich am 6. Januar. Schon früh wurde in Armenien von Syrern und Griechen missioniert. 287 bekehrte Gregor "der Erleuchter" das ganze Land zum christlichen Glauben. 295 wurde der spätere armenische König Tiridates III. (298–330) Christ. Das Christentum wurde 301 (also vor Konstantin und vor der sogenannten "Konstantinischen Wende" im Römischen Reich) zur armenischen Staatsreligion und die armenische Kirche zu einer National- und Volkskirche. Trotz vieler Widrigkeiten und schweren Verfolgungen und Pogrome blieb das Volk dem christlichen Glauben über Jahrhunderte treu.

Kaiser Justin II 565–578 ordnete den Weihnachtsfesttermin 25.12. als für das Römische Reich allgemein verbindlich an. Heute wird mit der genannten Ausnahme der Armenier überall am 24./25.12. die Christgeburt gefeiert. (Nur daß eine Reihe orthodoxer Kirchen noch nach dem julianischen Kalender zählen, der inzwischen 13 (!) Tage nachgeht, sodaß ihr 24./25. jetzt unser 6./7.1. ist.)

Es ist deshalb etwas seltsam, wie Oscar Cullmann ohne weitere Begründung schreiben kann "Dagegen halten am *6. Januar* fest: von den (chalcedonensisch) orthodoxen Kirchen diejenigen Jerusalems, Rußlands, Serbiens, Bulgariens, Georgiens, Polens und der Tschechoslowakei; von den nicht-chalcedonensischen orthodoxen Kirchen die äthiopische, die koptische, die syro-jakobitische, die indische; die armenische feiert einige Tage später, am 18./19. Januar".[74]

Cullmann, der sich für seine Daten auf "mündliche Angaben über die heutige orthodoxe Praxis in der Datumsfrage des Weihnachtsfestes" von S.E. dem Metropoliten Damaskinos und seinem Mitarbeiter im Centre orthodoxe in Chambesy beruft, muß entgangen sein, daß die genannten Kirchen alle nach dem julianischen Kalender rechnen, und nicht am 6. Januar, sondern am 25. Dezember alten Kalenders (25+13), also an unserem 7.1.(!) feiern. (Unser 6. ist ihr 24., also "Heiligabend"). Die armenische Kirche aber feiert nicht etwa "einige Tage später", sondern an einem *anderen Termin*, nämlich am *6. Januar*. (Da, wo dieser Termin örtlich teilweise nach dem julianischen Kalender bestimmt wird, entspricht der 6. Januar dann (6+13) unserem 19. Januar!

Der 25. XII. ist ...

> *"Die Berechnungshypothese steht und fällt n i c h t damit, w i e die Kirchenväter kalkulierten, sondern hat ihren 'festen Grund' darin, d a ß sie kalkulierten – auf den 25.XII. hin!"*[75]

notierte schon 1953 Leonhard Fendt in einer Übersicht über die bis dahin vorgetragenen Meinungen zum Weihnachtsfest.

> "Jene setzten den 25.XII. als den geschichtlichen Geburtstag Jesu voraus und suchten ihn auf ihre Weise zu rechtfertigen!"[76]

Er sieht Beweise dafür,

> "daß es um das D a t u m ging, v o r Einführung der Festfeier, n a c h Einführung der Festfeier."[77]

Zu fragen wäre dann konsequenterweise, wie die Berechner ("Komputisten") denn zum 25. Dezember (bzw. dem 6.1.) als dem Ausgangspunkt ihrer Berechnungen gekommen sein könnten?

... auch der 25. des 9. Monats

Viele der auch in Lexika genannten, alten, errechneten Daten machen zunächst einen willkürlichen, merkwürdigen Eindruck. Denn genannt werden nicht nur die angeblichen Ausgangsdaten "25. März oder 28. März und 7. April", und auch nicht nur die daraus errechneten Daten des 25. Dezember und 6. Januar, sondern auch so bizarre Daten wie der 20. Mai und der 18. November.

Viel Kunst ist darauf verwandt worden, diese in den alten Berechnungen und theologischen Debatten auftauchenden Termine in einen sinnvollen Bezug zu setzen. Ich schlage eine einfache Lösung vor, auf die schon Cassel 1862 vergeblich hingewiesen hatte:

20. Mai	= 25. Pachon = ist in Alexandria 9. Monat vom Neujahrs-Monat Thot an
18. November	= 25. Athyr = Alexandria = 9. Monat vom Phamenoth an
25. Dezember	= 25. des 9. Monat vom Nisan bzw. Parmuthi an
6. Januar	= 11. Tybi fiel 29 n. Chr. im 15. Jahr des Tiberius auf 24./25. Dezember

Alle Termine, auch die scheinbar so rätselhaften Daten des 20. Mai und des 18. November erweisen sich als "25. Tag des 9.

Monat". Selbst der 6.1. war einmal der 25. des 9. Monats, ausgerechnet im als Ausgangspunkt fast aller Berechnungen interessanten Jahre 29 n. Chr., dem 15. Jahr des Tiberius.

Es ist immer der "9. Monat" , unterschiedlich aber ist, wann angefangen wird zu zählen, ob nun vom März an, oder von einem Herbstneujahr an.
Steckt dahinter nur die Binsenweisheit, die schon die Antwort auf die Scherzfrage enthält, 'in welchem Monat denn die meisten Kinder geboren werden?' – Aber wo steht geschrieben, daß der Ansatzpunkt, der in solcher Selbstverständlichkeit liegt, bei der Festlegung eines Termins für das Fest der Christgeburt außer Acht blieb?

Die alttestamentlich-prophetische Begründung des Weihnachtsfestes

Es wird Zeit, Cassels[78] (wie ich sie nennen möchte) "*alttestamentlich-prophetische Hypothese*", die bisher in der Literatur zuwenig berücksichtigt worden ist, vorzustellen. Nach dieser Hypothese sind Entstehung und selbst das Datum des Festes wieder stärker unter Berücksichtigung nicht nur des jüdischen Kalenderwesens, sondern auch des alttestamentlich-jüdischen Bezugsrahmens des frühen Christentums zu sehen und damit wieder analog zur Entstehung der anderen beiden großen Feste der Christenheit aus dem jüdischen Leben, denn in jenes

> "muß man sich versetzen, wenn man von Einwirkung und Gegenströmung zwischen Juden und apostolischen Gemeinden, namentlich judenchristlichen, irgendwelche Vorstellung haben möchte."[79]

Auch die Feier des Weihnachtsfestes hat schon in der Zeit begonnen, als das Christentum noch in intensivem Kontakt mit dem Judentum stand. Wie bei den zwei anderen Festen Ostern und Pfingsten und dem Sonntag wird daher Anknüpfung und Abgrenzung vom Judentum *an der Wurzel* des Festes angenommen. Warum sollte es denn, gerade beim Weihnachtsfest, anders sein? Belegt werden müßte vor allem, daß es *keine* jüdischen Anknüpfungspunkte gegeben hat, gerade bei einem Datum, bei dem so stark wie bei der Christgeburt mit der Erfüllung (messianischer) Weissagungen des Alten Testamentes argumentiert wird.

> "Das einfache Resultat, daß die erste Kirche am 25. des neunten Monats ihres Herrn Geburt feierte, weil er nach des Propheten Wort an ihm geboren sein mußte, ist klarer und sieghafter"

als andere, immer nur über verschiedenste Zwischenglieder gestützte und vermittelte Ansichten, meinte daher Cassel (a.a.O. S. 115). Er stützt sich dabei u.a. auf die berühmte Weihnachtspredigt des Chrysostomus, in der dieser sagt:

> "'Es sei über diesen Tag viel Rede, die einen beschuldigen, daß er neu sei, die Anderen, er sei alt und hergebracht, *indem die Propheten schon von seiner Geburt verkündigt haben,* und er schon lange Allen von Thracien bis Cadix bekannt sei.' Wenn die Einen behaupten, die Propheten hätten schon die Geburt *an diesem Tage* prophezeit, (denn nur davon kann die Rede sein), so kann keine andere Stelle als die von Haggai dazu Veranlassung gegeben haben." [80]

In der Tat gibt es ja in dem messianisch interessanten Buch des Propheten Haggai Aussagen über ein Tempelweihfest, das am Abend des 24. eines 9. Monats beginnt.

Der 24. Tages im 9. Monat bei Prophet Haggai
Haggai 2,15 ff.

> "(15) Jetzt achtet doch darauf, wie es euch gehen wird von diesem Tag an und fernerhin! Wie ging es euch denn, bevor ein Stein auf den andern gelegt war am Tempel des HERRN? (17) Ich plagte euch mit Dürre, Getreidebrand und Hagel in all eurer Arbeit; dennoch bekehrtet ihr euch nicht zu mir, spricht der HERR.
>
> *(18) Nun aber achtet doch darauf, wie es euch ergehen wird von diesem Tag an und fernerhin –vom vierundzwanzigsten Tage des neunten Monats an– nämlich von dem Tag an, da der Tempel des HERRN gegründet ist!*
>
> Achtet darauf, (19) ob noch der Same in der Scheune dahinschwindet und ob Weinstock, Feigenbaum, Granatbaum und Ölbaum noch nicht tragen! Von diesem Tage an will ich Segen geben.
> (20) Und des HERRN Wort geschah zum zweitenmal am vierundzwanzigsten Tage des Monats zu Haggai:
> (21) Sage Serubbabel, dem Statthalter von Juda: Ich will Himmel und Erde erschüttern (22) und will die Throne der Königreiche umstürzen und die mächtigen Königreiche der Heiden vertilgen und will umwerfen die Wagen und die darauf fahren; Roß und Reiter sollen fallen, ein jeder durch ein anderes Schwert.
> (23) Zur selben Zeit, spricht der HERR Zebaoth, will ich dich Serubbabel, du Sohn Schealtiels, meinen Knecht, nehmen, spricht der HERR, und dich wie einen Siegelring halten; denn ich habe dich erwählt, spricht der HERR Zebaoth."

Auf Haggai 2,6 und 2,21 bezieht sich der Hebräerbrief 12, 25 ff.

"Seht zu, daß ihr den nicht abweist, der da redet. Denn wenn jene nicht entronnen sind, die den abwiesen, der auf Erden redete, wieviel weniger werden wir entrinnen, wenn wir den abweisen, der vom Himmel redet. Seine Stimme hat zu jener Zeit die Erde erschüttert, jetzt aber verheißt er und spricht: 'Noch einmal will ich erschüttern nicht allein die Erde, sondern auch den Himmel."

Serubbabel, der 12. Urahn Jesu nach dem Stammbaum des Matthäus (Math 1,12), erhält auch in Sacharja 4, 6–10 eine messianische Weissagung:

(6) Das ist das Wort des HERRN an Serubbabel: Es soll nicht durch Heer oder Kraft, sondern durch meinen Geist geschehen, spricht der HERR Zebaoth.
(7) Wer bist du, großer Berg, der du doch vor Serubbabel zur Ebene werden mußt? Er wird hervorholen den Schlußstein, so daß man rufen wird: Glück zu! Glück zu!
(8) Und es geschah zu mir das Wort des HERRN:
(9) Die Hände Serubbabels haben dies Haus gegründet, seine Hände sollen's auch vollenden, damit ihr erkennt, daß mich der HERR Zebaoth zu euch gesandt hat.
(10) Denn wer immer den Tag des geringsten Anfangs verachtet hat, wird doch mit Freuden sehen den Schlußstein in Serubbabels Hand.

Wer muß hier nicht an Matthäus 21,42 denken, wo es heißt:

"Jesus sprach zu ihnen: habt ihr nie gelesen in der Schrift (Psalm 118,22.23) 'Der Stein, den die Bauleute verworfen haben, ist zum Eckstein geworden. Vom Herrn ist das geschehen und ist ein Wunder vor unsern Augen'?"

(ebenso Markus 12,10.11 und Lukas 20,17, Apostelgeschichte 4,11, vgl. auch 1. Petrus 2)

Jesus als Tempel

Die Zerstörung des Tempels im Jahre 70 n. Chr. bedeutete nicht nur für die Juden, sondern auch für die Christen ein religiöses Datum. Die Weissagung über die Zerstörung des Heiligtums (Daniel 9, 25.26) wurden als eingetroffen erlebt:

"So wisse nun und gib acht: Von der Zeit an, als das Wort erging, Jerusalem werde wieder aufgebaut werden, bis ein Gesalbter, ein Fürst kommt, sind es sieben Wochen; und zweiundsechzig Wochen lang wird es wieder aufgebaut sein mit Plätzen und Gräben, wiewohl in kummervoller Zeit. Und nach den zweiundsechzig Wochen wird ein Gesalbter ausgerottet werden und nicht mehr sein. Und das Volk eines Fürsten wird kommen und die Stadt und das Heiligtum zerstören, aber dann kommt das Ende..."

Tempel und Messias waren hier, aber auch für die frühe Gemeinde stets verknüpft. Im Judentum gab es eine Legende, in der davon gesprochen wurde, der Messias sei bei der Zerstörung des Tempels geboren, aber sofort entrückt worden.

Jesu Anspruch kollidierte von Anfang bis Ende mit dem Tempel. Zur Tempelreinigung heißt es in Joh 2,18 f:

"(18) Was zeigst du uns für ein Zeichen, daß du dies tun darfst? (19) Jesus antwortete und sprach zu ihnen: Brecht diesen Tempel ab, und in drei Tagen will ich ihn aufrichten. (20) Da sprachen die Juden: Dieser Tempel ist in 46 Jahren erbaut worden, und du willst ihn in drei Tagen aufrichten? (21) Er aber redete von dem Tempel seines Leibes.
(22) Als er nun auferstanden war von den Toten, dachten seine Jünger daran, daß er dies gesagt hatte, und glaubten der Schrift und dem Wort, das Jesus gesagt hatte."

Auch noch die letzte Anklage gegen Jesus (Matthäus 26,61), verbindet Tempel und Messiasanspruch:

"Zuletzt traten zwei herzu (61) die sprachen: er hat gesagt: ich kann den Tempel Gottes abbrechen und in drei Tagen aufbauen"

Das dies als Messiasproklamation verstanden wird, kommt zum Ausdruck, wenn der Hohepriester daraufhin sagt: (Matthäus 26, 63)

"Ich beschwöre dich bei dem lebendigen Gott, daß du uns sagst, ob du der Christus bist, der Sohn Gottes."

Auch im Stephanus-Prozess Apg 6,14 geht es um den Vorwurf, Stephanus habe mit seiner Christus-Verkündigung in Wirklichkeit gegen den Tempel geredet (siehe oben zum 26.12. S. 49).

Cassel führt zahlreiche Belegen an, in denen der zerstörte dem unzerstörten Tempel, der von Händen gemachte dem wahren Tempel gegenübergestellt wird.

"Doch tritt allerdings der Gegensatz zum Tempel immer weiter zurück, je mehr sich das christliche Leben vom jüdischen schied."[81]

Das Fest am 25. des 9. Monats

Es gibt nun ein Tempelfest, das am 25. des 9. Monats stattfand und bis heute stattfindet. Das Chanukkafest, das makkabäische Tempelweihfest, wurde auf den schon vorher feststehenden Tag des Tempelweihfestes des Tempels Serubabbels, das am 25. Tag des 9. Monats begann, gelegt. Das jüdische Jahr beginnt zwar im Herbst, jedoch werden die Monate vom ersten Neumondstag nach der Tag und Nachtgleiche im Frühjahr gezählt (Monat Nisan, März/April) Das Fest findet also im 9. Monat, im Kislew, also etwa im November/Dezember statt. Es wird seit den Makkabäern, also etwa schon 150 Jahre vor Christus überall gefeiert. Im 1. Makkabäerbuch, Kap. 4, heißt es:

> "(50) Und sie legten Weihrauch auf den Altar und zündeten Lampen auf dem Leuchter an, damit sie im Tempel leuchteten. (51) Auf den Tisch legten sie die Brote und hängten die Vorhänge auf und richteten den Tempel vollständig wieder her. (52) Und am fünfundzwanzigsten Tage des neunten Monats, der Kislew heißt, im 148. Jahr (im Dezember 165 v. Chr.- T.G.), (53) standen sie früh auf und opferten nach dem Gesetz auf dem neuen Brandopferaltar, den sie aufgerichtet hatten. (54) Zur gleichen Zeit und am gleichen Tage, an dem die Heiden das Heiligtum entweiht hatten, wurde es wieder geweiht mit Gesang und mit Zithern, Harfen und Zimbeln. ... (56) Und sie hielten das Fest der Weihe des neuen Altars acht Tage lang und opferten mit Freuden Brandopfer, Dankopfer und Lobopfer. ...
>
> *(59) Und Judas und seine Brüder und die ganze Gemeinde Israel beschlossen, daß man jährlich vom fünfundzwanzigsten Tage des Monats Kislew an acht Tage lang das Fest der Weihe des neuen Altars mit Freude und Fröhlichkeit halten sollte"*

Jesus selbst hat auch einmal dieses Fest besucht. (vgl. Johannes 10,22) Das Fest ist nach Art des Laubhüttenfestes gebildet, feiert aber eine neue Tempelweihe.

> "Weil wir nun gedenken, am 25. Tag des Monats Kislew die Reinigung des Tempels zu begehen, haben wir's für unsere Pflicht gehalten, euch das mitzuteilen, damit auch ihr dies Fest so begeht, wie man das Laubhüttenfest und den Tag begeht, an dem Nehemia das Feuer gefunden hat, als er den Tempel und den Altar baute und wieder opferte." (2. Makkabäer 1, 18)

Dies Jubiläumsfest findet im Winter statt und ist bis heute eines der beliebtesten jüdischen Feste. Es heißt *Lichterfest* oder auch *Weihe-*

Tag (Jom Chanukka). Acht Tage lang wird es gefeiert mit Licht, Kinderspielen usw.. Von Tag zu Tag wird ein Licht mehr an einem achtarmigen Chanukka-Leuchter (nicht zu verwechseln mit der siebenarmigen Menora) entzündet, bis am 8. Tag alle Lichter brennen. Frauen sollen diese Lichter anzünden. Der Leuchter soll an einem von außen sichtbaren Ort stehen. Die Fenster werden illuminiert, die Türen stehen offen; es darf während des Festes nicht gearbeitet werden, weshalb Familienspiele u.ä. gespielt werden.
Der Lichtbrauch bei diesem Fest wird zurückgeführt auf eine Geschichte, die sich bei der Wiedereinweihung des Tempels zugetragen haben soll: ein einziges kleines Krüglein nicht entweihtes und ungeschändetes Öl habe sich noch angefunden. Eigentlich hätte es nur für einen Tag reichen können. Wunderbarerweise brannte es auf dem Leuchter im Tempel acht Tage lang, bis frisches Öl zubereitet war.
Mit dieser Geschichte knüpft die Tempelweihe der Makkabäer an eine Legende von der davorliegenden Tempelweihe unter Serubabbel an. Die geweihte Flamme des Tempels war erloschen; in einer Höhle fand sich noch ein wenig Glut, die all die Jahre der Zerstörung des Tempels überstanden hatte. So stand auch der Tempel Serubabbels in der Kontinuität des Tempels Salomons.
Da das Chanukkafest in die christliche Adventszeit fällt, hat man es als "jüdisches Weihnachtsfest" bezeichnet. Aber gibt es nicht "einleuchtende" Gründe, eine umgekehrte Entwicklung anzunehmen?

Christliche Lichtbräuche: Kerzen in die Fenster
Aus Irland wird der Brauch berichtet, daß an Weihnachten in alle Fenster des Hauses brennende Kerzen gestellt werden; die Türen werden nicht verschlossen, sondern nur angelehnt. Kerzen im Fenster und offene Türen sollen Zeichen der Freude und der Gastfreundschaft sein. Das Kerzenlicht soll die ganze Nacht brennen und soll erst morgens von einem Mädchen, am besten mit Namen Maria, gelöscht werden. Hat dieser Brauch nicht gewisse Ähnlichkeit mit dem jüdischen Tempelweihfest Chanukka?
In Österreich begegnet man folgender Sitte: 3 besondere Wachskerzen werden vorbereitet, von denen die erste am Weihnachtsabend, angezündet wird, mit den Worten: Gelobt sei der Herr! Christus ist geboren." Danach wird zu Abend gegessen. Die zweite Kerze wird

am 1. Weihnachtsfeiertag angezündet, die 3. Kerze erst am 8. Tag, zum Beschluß der Weihnachtsoktav.
Für Cassel ist klar:

> "Wenn die alte Kirche das Geburtsfest Christi auf den 24. des 9. Monats ansetzte, so, wie wir bemerkt haben, darum, weil Christus der neue Tempel ist, zu dem mit seiner Geburt der geistliche Grund gelegt ist"[82]

9. Sekten und Weihnachten

Christliche Sekten und das Christfest[83]

Da das Weihnachtsfest tief mit den grundsätzlichen christlichen Lehren über Christus ("Christologie") zusammenhängt, müssen besonders die Sekten und Gruppen, die eine andere Lehre über die Person und Rolle des Messias vertreten, Schwierigkeiten mit dem Weihnachtsfest haben. Sie müssen es uminterpretieren, können es nicht mitfeiern und polemisieren daher gegen das Fest.
An die Stelle des Weihnachtsfestes haben z.B. verschiedene Sekten und Gruppen aus dem adventistischen Traditionsstamm[84] (wieder) das Laubhüttenfest gesetzt. Recht früh tat dies bereits eine später so genannte "Missionsvereinigung der Siebenten-Tags-Adventisten (Laubhüttenbewegung Sach. 14, 16–19)", die dies Fest erstmals am 9.10.1916 beging.[85]

Weltweite Kirche Gottes (Armstrong)[86]
Die "Weltweite Kirche Gottes" (Armstrong) ist in Deutschland mit ihrer Zeitschrift "Klar und Wahr", die an Bahnhöfen und Kiosken kostenlos verteilt wird, sehr präsent. Sie zählt heute zu den eifrigsten Kämpfern gegen das angeblich heidnische Weihnachtsfest. Eine regelrechte Polemik hat sich gegen das Weihnachtsfest entwickelt[87]. Dabei wird behauptet, das Weihnachtsfest, ja sogar das Wort Weihnachten[88] sei erst im vierten Jahrhundert durch das Heidentum in die Kirche hineingetragen worden. Zitiert werden zum Beleg vor allem veraltete Lexika und Enzyklopädien, die von der "religionsgeschichtlichen

Hypothese" des 19. Jahrhunderts her argumentieren. Als eigentlicher Urheber des Weihnachtsfestes wird schließlich "Nimrod" bezeichnet und behauptet, sein Geburtstag sei der 25.12. gewesen. Der Weihnachtsbaum wird als Götze nach Jeremia 10,2–4 bezeichnet, obwohl es dort um ein aus Holz geschnitztes Götterbild geht. Die Magier seien Teil einer dämonischen, antichristlichen Verschwörung gewesen, die nur zum Schein zur Anbetung erschienen seien usf.

Jehovas Zeugen[89]

Viele dieser Anti-Weihnachtsmotive finden wir auch bei Jehovas Zeugen. Erst seit 1928 hat die Wachtturm-Organisation ihren Kampf gegen das Weihnachtsfest angefangen. Das Weihnachtsfest sei biblisch nicht geboten, hieß es erst. Jetzt wird argumentiert, es beinhalte auch heidnische Elemente. Besonders gefährlich am Weihnachtsfest sei, "daß man Jesus anstelle seines Vaters, Jehova Gott,"[90] anbete.

Die JZ-Organisation selbst rechnet als Jesu Geburtstag den 1. Oktober aus[91] – auf Grund des Dienstplanes der Hohenpriester, der auch für Zacharias, den Vater des Johannes gegolten habe, der bekanntlich ein halbes Jahr älter als Jesus sei.

> "Der 'Stern' war ein Licht, das Satan gebrauchte, um Astrologen (Dämonenanbeter) bei seinem schlauen Plan zu gebrauchen, Jesu zu finden, damit Herodes ihn vernichte"

heißt es weiter[92]. Der "Bruderdienst", eine Hilfsorganisation für Jehovas Zeugen-Betroffene regt an, dagegen zu fragen:

> "'Waren die Weisen Heiden?' Antwort: 'Ja.' Frage: 'Haben die Weisen Jesus geehrt?' Antwort: 'Ja.' Frage: 'Wie nennt man in der Bibel die Heiden, die sich zu Jesus bekennen?' Antwort: 'Christen!' (Apg. 11,29)." [93]

Für viele Zeugen Jehovas wird der Kampf gegen das Weihnachtsfest und der Verzicht auf das Weihnachtsfest zum eigentlichen Bekehrungserlebnis zur Wachtturm-Organisation. Sichtbar wird die Entscheidung am Verzicht auf den Christbaum, der in besonderer Weise als heidnisch bekämpft wird.

Gralsbewegung[94]

In der Gralsbewegung, einer Neuoffenbarungssekte mit esoterischem Hintergrund, wird der 29.12. als Jahresfest zum Gedächtnis des wiederkehrenden Sterns von Bethlehem, der das Kommen des "Menschensohnes" anzeige, begangen. Gemeint ist dabei der neue Menschensohn Abd-ru-shin, der Begründer der Gralsbewegung Oskar Ernst Bernhardt. Jesus Christus, ein hohes Geistwesen, habe bei seiner Inkarnation die verschiedenen Zwischenwelten zu rasch durcheilt, bevor er in der grobstofflichen Erdenwelt ankam. Dadurch hätten sich nicht genug "Schutzhüllen" um seinen göttlichen Kern gebildet. Da nun zu sehr das "Göttliche" durchstrahlte, konnte er zu schnell erkannt und dadurch auch neutralisiert werden. Die "drei Könige aus dem Morgenland" aber versagten in besonderer Weise an ihrer Aufgabe, weil sie eigentlich "den Weg auf Erden ebnen sollten mit ihren Schätzen, ihrer Macht, daß ihm (d. h. Jesus – T.G.) kein Leid geschehe in Erfüllung seiner Aufgabe."[95]

Weihnachten im "esoterischen Christentum" Steiners[96]

Besonderes weiß auch die von dem Anthroposophen Rudolf Steiner inspirierte Christengemeinschaft zum Weihnachtsfest mitzuteilen: Der "Geist der Sonne" habe sich als "Christus" in dem Menschen Jesus inkarniert – wie in der anthroposophischen Vorstellung üblich, nicht mit einem Male, sondern schrittweise. Diese Inkarnation habe bei der Taufe Jesu am Jordan erst seinen Abschluß gefunden. Daher wird der 6. Januar in der Christengemeinschaft als "Mittel- und Wendepunkt der ganzen Menschheits- und Erdengeschichte" gefeiert. Dabei ist sich die Christengemeinschaft in besonderer Weise sicher, daß dies der Tag der altchristlichen Weihnachtsfeier gewesen sei. Neben dieser "offiziellen" Lehre gibt es aber auch "esoterische Deutungen" der biblischen Berichte über Jesus. Der Sektenfachmann Hutten berichtete über diese esoterischen Lehren:

> "Sie sind aber weder im 'Credo' noch in den Sakramenten und auch nicht sonst in der Literatur der Christengemeinschaft erwähnt, scheinen also zu dem mehr esoterischen Geistesgut der Priester zu gehören. Aus der Tatsache, daß bei Matthäus und Lukas zwei verschiedene Stammbäume Jesu genannt werden, daß nur Matthäus und Lukas eine Geburtsgeschichte Jesu enthalten und daß die beiden Berichte sich völlig voneinander unterscheiden, zog Steiner den Schluß: Der Jesusknabe, dessen Geburt in Matth. 1 f. erzählt wird, war ein anderer als der Jesus der Lukas-Geschichte (Luk.2). Beider Eltern heißen Joseph und Maria. Beide waren verschiedener Herkunft, verschiedener Art und hatten verschiedene Kinderschicksale. Als sie 12jährig am Osterfest den Tempel besuchten, verschmolzen sie miteinander und auch von den Elternpaaren starb je ein Teil, während die Überlebenden sich in einer neuen Ehe verbanden."[97]

Weihnachten bei Neugermanen

Besonders behaupten neugermanisch-religiöse Gruppen die Herkunft des Weihnachtsfestes aus "germanischem"[98]. Es kann dann z.B. im Extrem sogar (über die Barbarazweige) heißen:

> "Wenn wir das Wunder erleben, daß 'mitten im kalten Winter, wohl zu der halben Nacht' die Knospen aufspringen, erhalten wir durch sie die Zuversicht, daß es doch Frühling werden wird und das Leben weitergeht, auch in der dunklen Nacht. In dem Urtext des Liedes 'Es ist ein Ros' entsprungen' sind jene Blüten gemeint und nicht der Rabbi Joshua aus Galiläa".[99]

Eine Neugermanenführerin führte sogar aus:

> "Auch die Adventszeit ist bei uns altes Brauchtum gewesen. Der Lichterkranz bedeutet das Jahresrad, welches durch die 4 Kerzen in 4 Viertel, in die Jahreszeiten geteilt ist. Die Kerze bedeutet jeweils die Frühlings – Sommer – Herbst – oder Wintersonne. Das Wort Ad Wend, hieß früher 'an der Wende', und leitete die Umwandlung des Jahres, und die Wiedergeburt des Lebens ein. Übrigens ist es dieselbe Bedeutung, die der Kranz bei einem Trauerfall hat. Die Umwandlung des alten, matten Lebens, in eine Wiedergeburt. – Man kann sagen, daß das Christentum äußerlich, mit nur wenigen Namensveränderungen und etlichen Weglassungen (in der kath. Kirche sind sogar noch die vielen Göttinnen und Götter in Form der Heiligen erhalten geblieben), unser armanisch-religiöses Brauchtum übernommen hat, bis auf das Alte Testament, den Einzelgott und den Schauplatz der Handlung."[100]

10. Warum wir Weihnachten feiern

Der Grund Weihnachten zu feiern

An Weihnachten, beim Fest der Christgeburt feiern wir, daß Jesus, der Christus, als Mensch geboren ist. Der Grund und Anlaß, die Geburt des Erlösers Jesus zu feiern, ist innerchristlich und nicht heidnisch: Es geht um die (Heils-)Tatsache der Geburt Jesu Christi als Erlöser. Zwar ist der *Termin* des Geburtstages nicht "historisch" belegt wie es Geburtstage nach Einführung von Kirchenbüchern heute sind, aber die Feier unterstreicht die historische *Tatsache* der wirklich menschlichen Geburt Jesu.

Früher mußte man das Weihnachtsfest verteidigen gegen die, die meinten, es sei eben nichts dran, es habe gar keinen historischen Hintergrund. Es sei *"alles nur schöner Schein"*, glänzende Kinderaugen, Märchen, Sehnsucht und Weihnachtsrührung. Von kirchlicher Seite wurde das Fest gegen solche Angriffe nicht immer sehr vehement verteidigt.
Manchmal wurde die Geschichte von der Christgeburt aber auch von ganz unerwarteter Seite ganz realistisch-materialistisch gedeutet und in Schutz genommen, wie von dem Philosophen Ernst Bloch:

> "Zu einem Kind, das im Stall geboren, wird gebetet. Näher, niedriger, heimlicher kann kein Blick in die Höhe umgebrochen werden. Zugleich ist der Stall wahr, eine so geringe Geburt des Stifters wird nicht erfunden. Der Stall, der Zimmermannssohn, der Schwärmer unter den kleinen Leuten, der Galgen am Ende, das ist aus geschichtlichem Stoff, nicht aus dem goldenen, den die Sage liebt."

Das weiß jede Mutter auch: Windeln sind absolut nicht aus dem Stoff, aus dem die Träume sind. Kleines Kind und Windeln – das ist ja nicht nur niedlich, sondern das ist auch niedrig und schwierig und riecht nur der Mutter gut. In der arabischen Legende meint man, die Ausscheidungsöffnungen hätten sich bei Adam und Eva erst nach der Vertreibung aus dem Paradies gebildet; auch die mythischen Götter der Sagen kennen keinen wirklichen Stoffwechsel mit der Natur. Dieses Jesuskind aber ist nicht mythisch, sondern wirklich ein Mensch wie du und ich. Jesus: wahrer Mensch und wirklicher Mensch.

Die Weihnachtstermine

Die Wahl des Datums (6. Januar oder 25. Dezember) ist nicht durch heidnische Feiertage bestimmt, sondern durch theologisch motivierte Berechnungen. Der Ausgangspunkt dieser Berechnungen war das überlieferte Datum der Kreuzigung Jesu am 7.4.30, aber sicherlich auch der Gedanke der Erfüllung alttestamentlicher Weissagungen in Bezug auf Messias und Tempel.
Das Ergebnis der Berechnungen waren Daten, die die Erscheinung des Messias verbinden mit der Heilsgeschichte (Adam- und Isaak-Typologie) und der Geschichte des jüdischen Volkes (Tempelweihfest Serubbabels, Chanukkafest), sowie mit dem Gedanken der Erlösung der ganzen Schöpfung durch das Erscheinen Christi als der neuen Sonne, und als dem Beginn der neuen Schöpfung.
Da sich beide Daten 25. 12. und 6. 1. – wie dargestellt – als zusam-

menhängend erweisen lassen, gibt es zwischen beiden Daten grundsätzlich keine Widersprüche.
Der 25.12. konnte sich nach meiner Ansicht möglicherweise deshalb besser durchsetzen, weil er sichtbar eine größere "Nähe" zum biblisch gegebenen alten Termin des Tempelweihfestes Serubbabels und zum Termin des seit 200 Jahren gefeierten Chanukka-Festes und attraktiven Lichterfest der jüdischen Diaspora hatte und diesem damit eher entgegengesetzt werden konnte.

Theologische Grundgedanken des Weihnachtsfestes

Die theologischen Inhalte des Festes, wie sie sich in den Evangelien, der Festliturgie und der frühchristlichen Kunst zeigen, sind vom Ursprung an christlich. Sie stammen weder aus dem Kult der "unbesiegten Sonne" noch aus ägyptischen Mysterienreligionen, auch wenn sie sich auf die Schöpfung und das Erscheinen der Sonne der Gerechtigkeit beziehen. Sie wollen eher einer mythischen Interpretation widersprechen. Die theologischen Aussagen und Inhalte betonen und feiern vor allem die *Erfüllung* alttestamentlicher Weissagungen.
Heute werden im Christentum wieder Strömungen stark, die das Christusgeschehen rein symbolisch und mythisch deuten wollen. Geistvolle Interpreten haben uns erzählt, wie wichtig doch gerade der goldene Schimmer von Mythen und Legenden sei, wieviel sie bedeuten und daß das doch auch das "Eigentliche" sei, wichtiger und mehr als das Vordergründige, Widersprüchliche und Anstößige. "*Weihnachten – das bedeutet eigentlich ...*"- so fingen diese Interpretationen an. – Aber auch solche Weihnachtsgeschichten sind weniger modern als man denken möchte: Schon sehr früh gab es neben den Bestreitern des Festes auch Leute, die meinten, für das Innere, im übertragenen Sinne, "rein geistlich" gewissermaßen, sei das eine feine Sache mit Weihnachten, auch mit Jesus und seiner Botschaft, ja der ganzen "Christusidee". Sozusagen als der gute Mensch an sich, wurde dieser Jesus zur reinen Idealgestalt. Als solche ist er dann auch viel dauerhafter ("Alle Jahre wieder..."), weniger anstößig, geschmackvoller. Dann wird alles wieder begreifbar und akzeptabel, in dem Moment, wo es sich nicht mehr um einen Menschen aus Fleisch und Blut handelt, sondern um eine schöne Idee. Weihnachten wurde uns als das Fest solcher Idee erklärt: "Das Licht überwindet das Dunkle!" Oder beinahe noch mehr: Weihnachten: Das Fest "der Familie", "der Mütterlichkeit", "der Kinder".

Gegen solche stets moderne Verflüchtigung ins Ideale und damit ins Unverbindliche, aber auch gegen die Bestreitung der "Inkarnation" (= "Einfleischung") setzte sich in der Kirche recht früh die starke Betonung der Leibhaftigkeit und Menschlichkeit Jesu durch – und damit auch das Fest, das seine Geburt feiert. Die drastische Betonung der Menschwerdung im Weihnachtsevangelium des Lukas (Windeln!) zeigt, daß Christen schon im 1. Jahrhundert in ihrem Verständnis der Christgeburt weit entfernt waren von einer romantischen Göttersage oder Mythe. Mit der Feier seiner Geburt in Stall und Krippe, als Sohn der Maria bekannte sich die Kirche zu seiner Schwäche und Unscheinbarkeit.

Im Barnabasbrief, ca. 130 n. Chr. heißt es über das Weihnachtswunder:

> "Denn wäre er nicht in fleischlicher Gestalt gekommen, hätten die Menschen vor seinem Anblick nicht bestehen können; sie können ja nicht einmal die Sonne mit ihren Augen anschauen, die doch nur das Werk seiner Hände ist, wieviel weniger den Glanz seiner Herrlichkeit"

> *"Wenn ich dies Wunder fassen will,*
> *so steht mein Geist vor Ehrfurcht still;*
> *er betet an und er ermißt,*
> *das Gottes Lieb unendlich ist"*[101]

IV.

11. Kleines Weihnachtswörterbuch

Adventisten: Mitte des vorigen Jahrhunderts in den USA entstandene christliche Sekte, die besonders die nahe Wiederkunft Christi in den Mittelpunkt ihrer Verkündigung stellt. In den letzten Jahren erfolgte Annäherung an die Kirchen und Entwicklung zu einer fast freikirchlichen christlichen Glaubensgemeinschaft mit ökumenischer Aufgeschlossenheit, jedoch einigen außerbiblischen Sonderlehren, die sie nach wie vor zu einer Sondergemeinschaft machen. Keine besondere Weihnachts- und Adventszeitlehre, jedoch strikte Sabbat- (=Sonnabend-)heiligung. Näheres im Band "Adventisten" der Münchner Reihe.

A.D.: von lateinisch Anno Domini = im Jahre des Herrn = Jahresangabe in christlicher Zeitrechnung

Ambrosius: Aurelius Ambrosius * 334 + 4.4.397, Statthalter von Oberitalien ab 373, getauft 374, war Bischof von Mailand und führte das noch heute übliche Strophenlied in Gemeindegesang und Kirchenmusik ein; Sein Lied "Nun komm, der Heiden Heiland" (EKG 1/EG 4) aus dem Jahre 386 ist wohl das älteste erhaltene Weihnachtslied

ante christum natum: lat.= vor Christi Geburt

Arius, Arianismus: Der Theologe und Priester Arius vertrat die Lehre, Christus sei zwar göttlich, aber nicht wesensgleich mit Gott, sondern geschaffen

Ave Maria: lat.: Gegrüßt seist du, Maria (Luk. 1,28 ff.)

Benedicamus Domino: lat.: Laßt uns den Herrn preisen!

Bethlehem: ca. 8 km südlich von Jerusalem, ist die Stadt, aus der David kommt. (1. Samuel 16) Nach messianischen Prophezeiungen sollte Bethlehem der Ort sein, aus dem der Herrscher der Heilszeit kommen sollte (Micha 5,1)

Bratäpfel siehe *Herbstling*

Chanukka: hebr.: Einweihung, Weihe des Tempels, "Kirchweih", vgl. 1. Makkabäer 4, 59. und Joh. 10, 22 ff. "Es war damals das Fest der Tempelweihe in Jerusalem, und es war Winter"; das Fest findet jeweils am 25. des 9. Monats (Kislew) statt; es beginnt am Vorabend, dem 24. mit der Entzündung des ersten Lichtes und dauert acht Tage lang.

Christus: griechisch: Gesalbter siehe: Messias

David: hebr.: Geliebter, König von Juda und Israel ca. 1000–961 vor Christi Geburt, ist Sohn des Isai (lat.: Jesse) aus Bethlehem. Er wurde zum Nachfolger des ersten Königs Saul. Sein Reich gehörte zu den Großmächten des Orients. Außenpolitische Erfolge, kulturelle und religiöse Blüte. Seine Regierungszeit wurde zum Idealbild eines von Gott bestätigten Königtums, David wurde zum Typos des Messias. Als Messias wurde ein Davidssohn erwartet, der die Größe des Davidsreiches wiederherstellen soll. Wenn von Jesus gesungen wird "von Jesse kam die Art" wird damit ausgesagt, daß Jesus der erwartete Davidssproß ist.

Davidide: Davidssprößling, Abkömmling der Familie Davids, siehe David

Doketismus: von gr. dokein=so scheinen; Lehre gnostischer Sekten, Jesus habe nur scheinbar einen menschlichen Leib gehabt, sei also auch nur scheinbar gestorben.

Engel: lat. angelus, Bote. Engel sind Boten Gottes. Die Bibel beschreibt die Boten Gottes unterschiedlich: als Männer, die sich als Boten Gottes erweisen (1. Mose 18); als leuchtende Erscheinungen ("die Klarheit des Herrn leuchtete um sie") Lukas 2,9. In der Malerei wurden die Engel seit dem 4. Jahrhundert mit Flügeln und Heiligenschein gemalt, dann auch als pausbäckige Posaunenengelchen verniedlicht.

Englischer Gruß: siehe Ave Maria

Epiphanias: gr.: Erscheinung, Erscheinungsfest. Alter Termin des Christgeburtsfestes, verbunden mit der Feier der Taufe, der Geschichte von den drei Weisen aus dem Morgenland; Beginn des Kirchenjahres

Eingeborener Sohn: von griech. "monogenes" bedeutet: einzig entsprossener Sohn

Gregorianischer Kalender: Der gregorianische Kalender wurde in den meisten katholischen Ländern zwischen 1582 und 1584 eingeführt, weil der julianische Kalender inzwischen 10 Tage nachging. Auf den 4. Oktober 1582 folgte der 15. Oktober 1582. Viele evangelische Länder folgten erst nach und nach. Rußland folgte erst nach 1918; in manchen orthodoxen Kirchen aber hat sich diese Zählung noch nicht durchgesetzt.

Gloria: lat. Ruhm, Ehre, Beginn von: Gloria in excelsis deo= Ehre sei Gott in der Höhe und Friede auf Erden bei den Menschen seines Wohlgefallens; Botschaft der himmlischen Heerscharen Lukas 2,14; heute Bestandteil der Liturgie jeden Gottesdienstes, auch enthalten in dem Lied "Allein Gott in der Höh' sei Ehr'.."

Halbe Nacht: "Wohl zu der halben Nacht" sei das Kind geboren, heißt es in einem alten Liede. Mitten in der dunklen Nacht finden auch die Christmetten statt. Diese Sitte basiert auf dem Schriftwort Weisheit 18, 14–15: "Denn während alles tiefes Schweigen alles umfing und die Nacht in ihrem schnellen Lauf bis zur Mitte vorgerückt war, da sprang sein mächtiges Wort vom Himmel her, vom königlichen Thron, gleich einem wilden Krieger mitten in das dem Verderben geweihte Land". Vgl. EKG 23/EG 30

Halleluja: hebr.: halal= lobpreisen, also etwa "Lobt Jahwe! Lobt Gott!"

Herodes: von 37 bis 4 v. Chr. König über ein von den Römern abhängiges judäisches Reich

Herbstling: siehe S. 26

Himmel: im Judentum und Christentum Umschreibung für den grenzenlosen Bereich Gottes, manchmal Umschreibung für Gott selbst.

Hosianna: hebr.: Hilf uns doch! Gebetsruf aus Psalm 118, 25; auch beim Einzug in Jerusalem (Markus 11,9) an Jesus gerichtet.

Immanuel: hebr.: "Gott mit uns" , der Name des Jungfrauensohns aus Jesaja 7,14 und 8,8; im Sinne der Theologie der Erfüllung alttestamentlicher Messiasweissagungen auf Jesus bezogen in Matthäus 1,23

In dulci jubilo: lat. "In süßem Jubel" lautet der Beginn eines lateinisch-deutschen Wechselgesangs aus dem 14. Jahrhundert). Siehe auch Quempaslieder

Inkarnation: lat. Einfleischung, Menschwerdung Gottes in Christus (Johannes 1, 14)

Jesse: siehe David

Julianischer Kalender: siehe Gregorianischer Kalender und: Orthodoxe Kirchen

Julfest: Das vorchristliche (?) Julfest wurde in der Mittwinternacht, Mitte Januar gefeiert und von Hakon dem Guten 940 auf den 25.XII. vorverlegt, berichtet Snorre Stuluson (1178–1241) über das nordische Winterfest.

Jom Kippur: hebr. Tag der Versöhnung; höchstes jüdisches Fest zum Abschluß des Laubhüttenfestes am 10. Tischri (3. Mose 16, Johannes 7, 37 ff.)

Kirchweih: 1. Makk 4,59 und 2. Makk 10,8 wurden zu Vorbildern der Kirchweihfeste. Seit dem Mailänder Edikt von 313 gibt es für diese Erinnerungsfeier auch eine liturgische Fassung

Kirchenjahr: Die Folge der christlichen Feste, Gedenk- und Märtyrertage ergibt ein eigenes Festjahr, in dem die Glaubensinhalte in einzelnen Festen und Lesungen aus der Bibel immer wieder vergegenwärtigt werden. Beginn und Neuanfang der Lesungen ist der 1. Adventssonntag, aber auch der 6. Januar, weil an diesem Tag seit 325 die Daten der beweglichen kirchlichen Festtage bekanntgegeben wurden.

Messias: ist hebräisch und bedeutet: (zum König) Gesalbter, griechisch: Christos. Die Hoffnung der Propheten ist ein Messias aus dem Geschlecht Davids. Der christliche Glaube sieht die Messiashoffnung in dem Davidssprößling Jesus erfüllt, dessen Reich kein Ende haben wird. (Johannes 1,41 u.a.)

Nazareth: ist nach den Evangelien Wohnort von Josef und Maria (u.a. Lk. 1,26 ff.) und Platz der Kindheit Jesu. Siehe auch Matthäus 13, 54 ff.

Orthodoxe Kirchen: Da die meisten orthodoxen Kirchen bis heute ihr Kirchenjahr nach dem julianischen Kalender feiern, und dieser inzwischen 13 Tage nachgeht, ist ihr 25.12. (julianischer Kalender) erst an unserem 7. Januar (gregorianischer Kalender)

Passah, Passa: gr. von hebr. Pesach = Verschonung (2. Mose 12,1 bis 13,16)

Sabbat: hebr. Ruhetag; Feiertag der Juden am 7. Tag der Woche (Sonnabend); beginnt am Freitag abend und geht bis Sonnabend abend.

Sol invictus: lat. der unbesiegte Sonnengott; erstmals vom römischen Kaiser und früheren Sonnenpriester Elagabal (218–222) als "Sol invictus Elagabal" in Rom eingeführter Gott; von Kaiser Aurelian (270–275) 274 erneut eingeführter Sonnenkult – vermutlich gegen das erstarkende Christentum als pantheistischer "kleinster gemeinsamer Nenner" des Heidentums gerichtet

Sol iustitiae: lat. Sonne der Gerechtigkeit (Maleachi 3,20) auf Jesus Christus bezogen u.a. wegen Matthäus 17, 2

Stephanus: ist der erste christliche Märtyrer. Sein Gedächtnistag ist der 26.12. Er lebte und predigte in Jerusalem. Nach dem Bericht der Apostelgeschichte (Apg 6,8 –7,60) wird er gesteinigt, weil er gegen den Jerusalemer Tempel Jesus Christus als Gottes Gegenwart bei den Menschen predigt.

Tempel: Der Tempel in Jerusalem ist Zeichen des Wohnens Gottes unter den Menschen. Vorbild des Tempels ist die "Stiftshütte" mit Bundeslade der Wüstenwanderung.

960 v.Chr. Errichtung des Tempels durch Salomo, Zerstörung 587/586 v.Chr. durch Babylonier

520 v. Chr. Wiedererrichtung unter Serubbabel, Weihe am 24/25. des 9. Monats

169 v.Chr. Schändung und Entweihung durch Antiochus IV. Epiphanes

164 v. Chr. Tempelweihe durch Judas Makkabäus (25. Kislew)

20/19 v. Chr. Erweiterung durch Herodes

70 n.Chr. Zerstörung durch die Römer, Vertreibung der Juden aus Jerusalem

Theophanie: gr. Erscheinung Gottes; konnte sich als Festbezeichnung nicht gegen Epiphanias und Weihnachten durchsetzen.

Theotokos: gr. die Gottesgebärerin, altkirchliche Bezeichnung für Maria, die Mutter Jesu; 431 vom Konzil in Ephesus dogmatisiert.

Tochter Zion siehe Zion

Typos: gr. Urbild, Beispiel, Vorbild, Prägung; die typologische Auslegung sieht in Personen oder Ereignisse des Neuen Testaments den jeweiligen Typos der Heilsgeschichte des Alten Testaments. Z.B. "entspricht" Jesus als der erste Mensch der neuen Schöpfung dem alten Adam, Maria der Eva, Johannes dem Elia, das Isaakopfer der Kreuzigung; David und z.B. Serubbabel sind der Typos des Messias, letzterer wird sogar als "Siegelring" bezeichnet (Haggai 2,23).

Xmas= Christmas

Zion: einer der Hügel, auf dem Jerusalem gebaut ist, später der Tempelberg; wie der Tempel selbst auch als Wohnung Gottes gedacht (Psalm 9,12). Tochter Zion: Jerusalem und seine (aus der Stadt vertriebenen) Einwohner (Micha 4,8–10). Im Neuen Testament und im Christentum werden Zion und Jerusalem zu Bildern für die himmlische Wohnung Gottes

12. Literaturhinweise

Von historischem Interesse

Cullmann, Oscar: Die Entstehung des Weihnachtsfestes und die Herkunft des Weihnachtsbaumes, Stuttgart 1990

Usener, Herrmann: Religionsgeschichtliche Untersuchungen, Drei Teile in einem Band, Hildesheim-New York 1972 (Nachdruck der Ausgabe Bonn 1889–1911)

Grundsatzfragen

Fendt, Leonhardt: Der Stand der Forschung über das Geburtsfest Jesu am 25.XII. und über Epiphanias, in: Theologische Literaturzeitung (ThLZ), 78. Jg. Nr 1, Januar 1953

Hartke, Wilhelm: Über Jahrespunkte und Feste insbesondere das Weihnachtsfest. Berlin 1965

Maier, Hans: Die christliche Zeitrechnung, Freiburg 1991

Strobel, August: Jahrespunkt-Spekulation und frühchristliches Festjahr – Ein kritischer Bericht zur Frage des Ursprungs des Weihnachtsfestes

Strobel, August: Ursprung und Geschichte des frühchristlichen Osterkalenders (Ost-) Berlin 1977

Zu Glaube und Brauch des Weihnachtsfestes

Bieritz, Karl-Heinrich: Das Kirchenjahr, Feste, Gedenk- und Feiertage in Geschichte und Gegenwart, München 1987 (kirchlich-liturgisch ausgerichtet)

Cassel, Paulus: Weihnachten, Ursprünge, Bräuche und Aberglauben. Ein Beitrag zur Geschichte der christlichen Kirche und des deutschen Volkes, 1862, (Nachdruck Wiesbaden o.J.) (empfehlenswert)

Hartinger, Walter : Religion und Brauch, Darmstadt 1992 (Grundsätzliche Erörterung des Zusammenhangs von Religion und Brauchtum und zu neuen, nichtideologischen Ansätzen in der wissenschaftlichen Volkskunde)

Küster, Jürgen : Wörterbuch der Feste und Bräuche im Jahreslauf – Eine Einführung in den Festkalender, Freiburg 1985 (brauchbar, verlässlich)

Thieberger, Friedrich (Hrsg.): Jüdisches Fest, Jüdischer Brauch (1937), Königstein 1985

Weber-Kellermann, Ingeborg: Das Weihnachtsfest – Eine Kultur- und Sozialgeschichte der Weihnachtszeit, München 1987 (Frau Weber-Kellermann, * 1918 + 12.6.1993, galt als die volkskundliche Autorität für das Weihnachtsfest. Ihr Buch vermittelt in anregender Weise den Stand der heutigen Volkskunde bei der Erforschung des Weihnachtsfestes; ihr soziologischer Ansatz blendet den kirchlich-theologischen Aspekt weitgehend aus, was bei einem Buch über das Christfest Fragen offen läßt; schön und aufwendig bebildert, gutes Literaturverzeichnis, schönes Weihnachtsbuch)

Weinhold, Gertrud: Freude der Völker, Weihnachtskrippen und Zeichen der Christgeburt in aller Welt, Claudius Verlag München 1984 (2) (Bildband mit ausführlichen Einführungen)

Wolf, Helga Maria: Das BrauchBuch. Alte Bräuche. Neue Bräuche. Antbräuche. Herder Verlag Wien 1992. Empfehlenswertes, u. a. auf Untersuchungen und Umfragen in Österreich basierendes Buch und Nachschlagewerk über heutige kirchliche und "weltliche" Bräuche an Festen und im Jahreslauf, über ihre Entstehung und ihre Hintergründe.

Nachbemerkung

Obwohl es alle Jahre wieder eine Fülle sogenannter Weihnachtsbücher gibt, läßt sich doch aus diesem Bereich kaum etwas empfehlen. Besonders populäre Bücher über Feste und Brauchtum schleppen oft längst überholte Ansichten und Mythen als angeblich gesichertes volkskundliches Wissen mit und tragen so zu einer Verfälschung von Festen und Brauchtum bei. Deshalb werden hier keine Empfehlungen in dieser Richtung gegeben.

13. Anmerkungen

[1]) Vgl. zu den Fragen der angeblichen religiösen Kontinuität Friedrich-Wilhelm Haack: Wotans Wiederkehr – Blut-, Boden- und Rasse-Religion, München 1981

ders.: Blut-Mythus und Rasse-Religion, Neugermanische und deutsch-völkische Religiosität, München 1983 (Münchener Reihe)

[2]) Jakob Grimm, Deutsche Mythologie, 1835, S. 16

[3]) Paulus Cassel: Weihnachten, Ursprünge, Bräuche und Aberglauben. Ein Beitrag zur Geschichte der christlichen Kirche und des deutschen Volkes, 1862, Vorwort S. XIV, (Nachdruck Wiesbaden o.J.)

[4]) Vergl. zu diesem Problem Walter Hartinger: Religion und Brauch, Darmstadt 1992, besonders auch S. 24

[5]) Cassel, a.a.O. S. XII

[6]) Hartinger, a.a.O. S. 23

[7]) Cassel,a.a.O. S. XII

[8]) (und nicht von den Nationalsozialisten, wie diese gern glauben machen wollen!)

[9]) Vgl. Handwörterbuch des Deutschen Aberglaubens, S. 865

[10]) Eine Selbstverständlichkeit wird im Bild ausgesagt: Ochse und Esel wissen, wo ihr Stall und ihre Krippe ist, man muß sie zwar auf die Weide führen, aber nach Hause an die Krippe ihres Herrn finden sie immer allein zurück. "Aber mein Volk nicht". Der Text wird allegorisiert, wenn Ochse und Esel als geistige Abbilder der Juden und der Heiden verstanden werden.

[11]) Johann Kepler: De Jesu Christi servatoris nostri vero anno natalitio und andere Veröffentlichungen; Einzelheiten zur Erforschung der astronomischen und astrologischen Hypothesen über den Stern von Bethlehem bei Albert Schweitzer, Geschichte der Leben-Jesu-Forschung, a.a.O. S. 600–603, der selbst sehr skeptisch dazu Stellung nimmt. Es scheint, daß seitdem nicht mehr viel Wesentliches dazugekommen ist.

[12]) zitiert nach Gertrud Weinhold: Freude der Völker, Weihnachtskrippen und Zeichen der Christgeburt in aller Welt, Claudiusverlag München 1984 (2), S. 24, zitiert als Weinhold

[13]) Übrigens haben auch deutsche Kirchen die Hl. Helena zur Stifterin, so die St.Gereonskirche in Köln, der St.Viktorsdom in Xanten und das Münster in Bonn.

[14]) Wiedergabe nach Herrmann Usener, Religionsgeschichtliche Untersuchungen, Drei Teile in einem Band, Hildesheim-New York 1972 (Nachdruck der Ausgabe Bonn 1889–1911, S. 197; Usener meint, "diese antiphonen" hätten sich angeschlossen "an eine aus Matthaeus und Lucas für den gottesdienst hergestellte erzählung von Christi geburt; der geistliche trug diese vor, und gab an drei stellen dem chor gelegenheit, dem vortrag durch seinen gesang einen würdigen abschluss zu geben. So verlangt der letzte absatz, dass die erscheinung der engel bei den hirten und ihre verkündigung (nach Lucas 2, 8–14) voraus gemeldet war, und er schliesst deutlich den ganzen theil der liturgie ab, indem er den hirten die doxologie und das halleluja in den mund legt. Der hierdurch bestimmte umfang des evangeliums bestätigt, was zu erwarten stand, dass es eine nächtliche geburtsfeier Christi war, zu der jener gegengesang diente". Warum aber sollte zu so einer Feier nicht das Weihnachtsevangelium ganz aus Lukas 2 gelesen worden sein? Usener vermutet in der zweiten Zeile eine Antwort auf Matthäus 2,2 (Magier), jedoch ist in der Zeile ausdrücklich von Hirten die Rede; Hartke, a.a.O S.59 hält die erste Zeile für eine Einleitung (!) zur Taufgeschichte.

[15]) Brief des Matthias Claudius an Andres vom 3.10 1782

[16]) Hartinger, a.a.O. S. 159

[17]) so berichtet u.a. Jürgen Küster: Wörterbuch der Feste und Bräuche im Jahreslauf – Eine Einführung in den Festkalender, Freiburg 1985, S. 18

[18]) Zitiert nach: Krippe und Stern, Gütersloher Verlagshaus 1961, S. 53

[19]) Zitiert nach: Gundel Paulsen (Hrsg.): Weihnachtsgeschichten aus Brandenburg, Husum 1981, S. 113

[20]) Paulsen, a.a.O.

[21]) Paulsen,a.a.O. S. 114

[22]) ebenda

[23]) Duden Etymologie, Herkunftswörterbuch der deutschen Sprache, 2. völlig neu bearb. u. erw. Aufl./ von Günther Drosdowski, Mannheim 1989

[24]) Martin Luther: Vom Himmel hoch, da komm ich her, Str. 6, EKG 16/EG 24

[25]) Klaus Granzow beschreibt die "Lüttenweihnachten" in: Geschichten, die damals passiert sind..., Ostdeutsche Weihnacht gestern und heute, Hrg.: Bund der Vertriebenene – Vereinigte Landsmannschaften und Landesverbände, Bonn 1989. – Eine schöne, ebenfalls zum Vorlesen geeignete Schilderung findet sich in der Geschichte "Lüttenweihnacht" von Hans Fallada in: Rut und Rudolf Brock (Hrg.): Wunderweiße Nacht, Gedichte, Lieder und Erzählungen zum Weihnachtsfest, (Ost-) Berlin 1964, S. 226 ff.

[26]) Mette von lat. "Matutin" war im Kloster die erste Morgenandacht eine Stunde nach Mitternacht

[27]) Bekannt ist das aus Oberufer (heute Slowakei) stammende dreiteilige "Oberuferer Paradeisspiel", das an den anthroposophischen Waldorfschulen hochgeschätzt wird und dort wieder fast kultische Bedeutung erlangt hat.

[28]) Paulsen, a.a.O. S. 113

[29]) Paulsen, a.a.O. S. 113

[30]) Zu den Krippen siehe das schöne Buch von Gertrud Weinhold: Freude der Völker, Weihnachtskrippen und Zeichen der Christgeburt in aller Welt, Claudiusverlag München 1984 (2)

[31]) Wie Sybil Gräfin Schönfeldt in: Das große Ravensburger Buch der Feste und Bräuche, 9. Auflage, Ravensburg 1993, S. 314 behauptet.

[32]) zu diesem Brauchtum vergl. die in den Literaturhinweisen genannten Veröffentlichungen zum Brauchtum

[33]) Küster, Jürgen: Wörterbuch der Feste und Bräuche im Jahreslauf, Freiburg 1985, S. 119

[34]) Paulsen, a.a.O. S. 116

[35]) Ingeborg Weber-Kellermann: Das Weihnachtsfest – Eine Kultur- und Sozialgeschichte der Weihnachtszeit, München 1987, Kapitel V: Tannenzweig und Weihnachtsbaum, S. 104–131

[36]) so zitiert Weber Kellermann, a.a.O. zustimmend Lily Weiser Aalls Aufsatz "Zur Geschichte des Weihnachtsbaumes. In: Volkskundliche Gaben, Berlin-Leipzig 1934, S. 1 – 8

[37]) "Den ersten, mit Sternen und Lichtern bereicherten Tannenbaum zeigt ein Kupferstich Lukas Cranach d.Ä. von 1509" behauptet Hermann Kirchhoff: Christliches Brauchtum im Jahreskreis, München 1990 S. 84 im Anschluß an zahlreiche andere wie z.B. Bieritz, a.a.O. S. 177.

[38]) J. Küster, Heiligenfeste im Brauch, 1988, S. 136 zit. nach Hartinger S. 208.

[39]) vgl. Weber-Kellermann: a.a.O. S. 107

[40]) zitiert nach Weber-Kellermann , a.a.O. S. 110

[41]) Karl-Ewald Fritsch: Geschichte, Namen und Schmuck des Weihnachtsbaumes, S. 15 – 27 in: Rut und Rudolf Brock (Hrg.): Wunderweiße Nacht, Gedichte, Lieder und Erzählungen zum Weihnachtsfest, (Ost-) Berlin 1964

[42]) Jochen Klepper: Der Christbaum in: Hanns Lilje (Hrsg.): Evangelische Weihnacht – Ein Buch von Weihnachtsglaube, Weihnachtskunst und Weihnachtssitte, Berlin 1939

[43]) Im Anti-Weihnachtsbaum-Eifer konnte die Sekte "Jehovas Zeugen" diesen Tannenbaum nicht stehenlassen. Die hier als Bild für die gnädige Zuwendung Gottes benutzte immergrüne Zypresse, der Nadelbaum des Südens, wurde in ihrer auch sonst der Sektenlehre gebeugten Übersetzung zum Wacholderbaum (Vgl. "Neue-Welt-Übersetzung der Heiligen Schrift, Übersetzt nach der revidierten englischen Ausgabe 1984 unter getreuer Berücksichtigung der hebräischen, aramäischen und griechischen Ursprache –revidiert 1986, New World Translation of the Holy Scriptures, German (bi12–X), New York/Selters 1989. Jedoch ändert dies nichts daran, daß sich Gott hier mit einem immergrünen Baum vergleichen läßt.

[44]) Hosea 6, 2 "Er macht uns lebendig nach zwei Tagen, er wird uns am dritten Tage aufrichten, daß wir vor ihm leben werden"

[45]) Vergl. August Strobel, Ursprung und Geschichte des frühchristlichen Osterkalenders, Berlin 1977. "Es scheint, daß das Christusgeschehen, vorweg das Grundgeschehen des Messiastodes, zum Fundament einer Hoffnung erhoben wurde, die sich bis in sehr konkrete Berechnungen hinein äußern konnte." a.a.O. S. 450; aus diesen Berechnungen, wie sie sich u.a. in frühchristlichen Osterkalendern niederschlagen, "spricht nicht nur der Wille, die richtige terminliche Kontinuität mit dem soteriologisch und eschatologisch bedeutsamen Christusgeschehen zu wahren, sondern darüber hinaus die Sorge, den letzten (österlichen) Offenbarungstermin nicht zu verfehlen." a.a.O. S. 451

[46]) ebenda

[47]) Vergl. Strobel, a.a.O.

[48]) Cassel, a.a.O. S. 92 f.

[49]) Cassel, a.a.O. S. 94

[50]) Cassel, a.a.O. S. XXXVIII (Anmerkung 272: "...Sie hoben, was früher nie der Fall, das blos mathematisch berechnete Solstitium (=Sonnenwende – T.G.) am 25. Dec. hervor, um den Glauben der Christen zu erschüttern. Faustus hatte Unrecht zu sagen: I h r feiert Solstitien. Augustin konnte umkehren und sagen I h r feiert Solstitien, weil w i r die Geburt des Herrn begehen."

[51]) Vgl. zum Vorstehenden H. Frank: Art. Weihnachten.

[52]) Mehr zur Entwicklung des christlichen Zeit- und Geschichtsbewußtseins bei Hans Maier: Die christliche Zeitrechnung, Freiburg 1991

[53]) zitiert nach Maier, a.a.O. S. 59

[54]) zitiert nach Maier, a.a.O. S. 72 f.

[55]) Albert Schweitzer: Geschichte der Leben-Jesu-Forschung, München 1966, Bd 2 S. 456

[56]) Schweitzer, a.a.O.

[57]) Schweitzer, a.a.O. S. 456

[58]) Oscar Cullmann: Die Entstehung des Weihnachtsfestes und die Herkunft des Weihnachtsbaumes, Stuttgart 1990, S. 16

[59]) Cullmann a.a.O. S. 33

[60]) a.a.O. S. 32 f.

[61]) so vermutet Cassel, a.a.O. S. 64 f., Julian habe das Sonnenwendfest auf den 1. Januar gelegt, um die "früher offizielle Feier des 6. Januar zu beschatten".

[62]) Cassel, a.a.O. S. 57 – 62

[63]) Zur religionsgeschichtlichen Schule ist etliches nachzulesen bei Albert Schweitzer a.a.O. S. 451–499; zur Rezeption Findungen und Einfälle der religionsgesch. Schule in der Anthroposophie vgl. Bernhard Maier: Die Religionsgeschichtliche Stellung der Anthroposophie, ARW, München 1988

[64]) Cullmann, a.a.O. S. 47

[65]) So Hieronymus Frank, Frühgeschichte und Ursprung des römischen Weihnachtsfestes im Lichte der neueren Forschung, ALW II(1952), zitiert nach Leonhardt Fendt: Der Stand der Forschung über das Geburtsfest Jesu am 25.XII. und über Epiphanias, in: Theologische Literaturzeitung (ThLZ), 78. Jg. Nr 1, Januar 1953 S. 6

[66]) Vgl. EKG 21/EG 27

[67]) Cullmann a.a.O. S. 17

[68]) Vgl. Strobel, Ursprung, a.a.O. S. 450 ff.

[69]) Wilhelm Hartke: Über Jahrespunkte und Feste insbesondere das Weihnachtsfest. Berlin 1965, S. 30

[70]) Strobel, Ursprung, a.a.O. S. 155, Anm. 3

[71]) Strobel, Ursprung, a.a.O. S. 156 Vergl. auch ff. Seiten und S. 393

[72]) Vgl. Strobel, Ursprung, a.a.O. S. 156 f.

[73]) Hartke, a.a.O. meinte zwar, dafür innerkirchliche Gründe geltend machen zu können, nämlich die größere Popularität eines proletarisch-novatianischen Festes gegen ein plutokratisch-reichskirchliches am 6.1., wobei die Ironie aber wäre, daß gerade die Reichskirche sich später den 25.12. zu eigen gemacht hätte.

[74]) Cullmann, a.a.O. S. 42

[75]) Leonhardt Fendt: Der Stand der Forschung über das Geburtsfest Jesu am 25.XII. und über Epiphanias, in: Theologische Literaturzeitung (ThLZ), 78. Jg. Nr 1, Januar 1953 Sp. 1

[76]) Fendt, a.a.O. Sp. 8

[77]) Fendt, a.a.O. Sp. 8, wo er Hieronymus Engberding, Der 25. Dezember als Tag der Feier der Geburt des Herrn, ALW II (1952) referiert und als dessen Schlußfolgerung angibt: "Also erst war das Datum, dann kam das Fest auf dieses Datum!"

[78]) Paul Cassel, am 27.2. 1821 als Sohn des jüdischen Bildhauers Hirsch Cassel und dessen Ehefrau Johanna, geb. Prausnitzer in Niederschlesien geboren, erlangte die Befähigung zum Rabbineramt 1847–1849, wurde im Jahre 1855 am 28. Mai auf den Namen Paul Stephan getauft und promovierte bereits ein Jahr nach seiner Taufe in Erlangen zum Lizenziaten der (ev.) Theologie. "Bekannt wurde er zunächst durch eine Theorie über die Herkunft der Magyaren (Ungarn). Diese Theorie brachte ihm u.a. die Anerkennung Jakob Grimms ein" schreibt Friedrich Weichert über ihn. (Friedrich Weichert: Der Berliner Judenmissionar Professor D. Paulus Cassel (1821–1892) in: Jahrbuch für Berlin-Brandenburgische Kirchengeschichte, 42. Jahrgang 1967, S. 109– 132.) Den Angaben Weicherts wird auch im weiteren gefolgt: 1857 wurde Cassel vom preußischen Staat zum Professor ernannt.

Er war als Schriftsteller, preußischer Abgeordneter und schließlich als Pfarrer und Prediger an der Berliner Christuskirche tätig, (während sein Bruder David Dozent an der Berliner "Hochschule für die Wissenschaft des Judentums" war). Er starb am 23. 12. 1892 in Berlin.

Cassel war zu seiner Zeit ein bekannter Theologe und wissenschaftlicher Schriftsteller, der vieles zu theologischen und volkskundlichen Themen veröffentlicht hat. Heute finden sich seine Schriften kaum noch in den Bibliotheken. Möglicherweise hat ein sublimer Antisemitismus, unter dem der glühende Christuszeuge Cassel schon zu Lebzeiten gelegentlich leiden mußte, auch seine wissenschaftlichen Fragestellungen und Problemanzeigen schon bald aus der wissenschaftlichen Diskussion verdrängt. Seine Werke finden sich in der Berliner Kirchlichen Hochschule zwar im "Institut für Kirche und Judentum", nicht aber im Seminar für Praktische Theologie. Sein Buch über Weihnachten: Paulus Cassel: Weihnachten, Ursprünge, Bräuche und Aberglauben. Ein Beitrag zur Geschichte der christlichen Kirche und des deutschen Volkes, 1862, tauchte

Anfang der achtziger Jahre als Reprint o.J. im "Modernen Antiquariat" eines Kaufhauses auf.

[79]) Cassel, a.a.O. S. 95

[80]) Cassel, a.a.O. S. LVIII (Anmerkungen) Anm. 360

[81]) Cassel, a.a.O. S. 105

[82]) Cassel, a.a.O. S. 122

[83]) Literatur: Friedrich-Wilhelm Haack: Sekten, München 1987 (Münchener Reihe)

[84]) Rüdiger Hauth: Adventisten, München 1987 (Münchener Reihe)

[85]) Kurt Hutten, Seher, Grübler, Enthusiasten– Das Buch der traditionellen Sekten und religiösen Sonderbewegungen, Stuttgart 1984, S. 71.f.

[86]) Empfehlenswerte Literatur: Rüdiger Hauth: Kleiner Sektenkatechismus, Wuppertal 1993

[87]) z.B. in der Schrift von Herbert W. Armstrong: Die Wahrheit über Weihnachten, Pasadena 1981 (4), S. 6.

[88]) Diese unsinnige Behauptung findet sich in der Schrift von Herbert W. Armstrong: Die Wahrheit über Weihnachten, Pasadena 1981 (4), S. 6, wo behauptet wird, "Vielmehr wurde das Wort erst im vierten Jahrhundert durch das Heidentum in die Kirche hineingetragen." Vergleiche zum Wort Weihnachten dagegen Kapitel 4.

[89]) Literatur: Friedrich-Wilhelm Haack: Jehovas Zeugen, München 1992 (Münchener Reihe)

[90]) Weihnachten – Warum gefährlich? in: Der Wachtturm, 15.12.1984

[91]) Vergewissert euch über alle Dinge, 1957, S. 86

[92]) ebenda

[93]) Brücke zum Menschen – Ein Bruderdienst an Sektenopfern, Suchenden und Angefochtenen, sowie an allen, die ihnen helfen möchten, Heft 83/84, 1985/II

[94]) Eine informative Darstellung der Gralsbewegung findet sich in Reller/Kießig, Handbuch Religiöse Gemeinschaften, 4. Auflage, Gütersloh 1993

[95]) Abd-ru-shin (Oskar Ernst Bernhardt): Im Lichte der Wahrheit. Gralsbotschaft. Vomperberg/Tirol 1949/50, S. 457

[96]) Hutten, a.a.O. S. 700, Anm. 324

[97]) Bernhard Maier: Die Religionsgeschichtliche Stellung der Anthroposophie, ARW, München 1988 (Zu beziehen über ARW, Postfach 500107, D-80971 München, Fax: 089-6414152)

[98]) dies versucht z.B., wenn auch klitterhaft, ein "Herr Guntram/AO"(AO steht für "Armanenorden") in: "Irminsul, Stimme der Armanenschaft, 13. Jg. 1991, Folge 6

[99]) ebenda

[100]) Sigrun Schleipfer, EZW-Tagung München

[101]) Christian Fürchtegott Gellert: "Die ist der Tag, den Gott gemacht" Vers 3 EKG 34/EG 42

Aus dem Programm der Münchener Reihe

Jan Badewien
Anthroposophie
GB, ISBN 3-583-50662-6

Rüdiger Beile
Der andere Islam: Die Shiiten
DB, ISBN 3-583-50647-2
Weltreligion Islam
EB, ISBN 3-583-50654-5

Detlef Bendrath
Brahma Kumaris/Raja Yoga
GB, ISBN 3-583-50642-1

Helmut Fischer
Transaktionsanalyse
GB, ISBN 3-583-50640-5

Thomas Gandow
Jugendweihe
EB, ISBN 3-583-50661-8
Mun-Bewegung
GB, ISBN 3-583-50656-1
Thanatologie
GB, ISBN 3-583-50659-6
Guru Chinmoy und die Sri-Chinmoy-Bewegung
GB, ISBN 3-583-50657-X

G. und M. Grandt/Klaus-M. Bender
Fiat Lux –Uriellas Orden
GB, ISBN 3-583-50655-3

Annette Haack/Friedrich–Wilh. Haack
Jugendspiritismus und -satanismus
DB, ISBN 3-583-50648-0

Friedr.-Wilh. Haack/Thomas Gandow
Gabriele Witteks »Universelles Leben« (HHW)
EB, ISBN 3-583-50643-X

Friedrich-Wilhelm Haack
Aberglaube - Magie -Zauberei
DB, ISBN 3-583-50626-X
Die Bhagwan-Rajneesh-Bewegung
GB, ISBN 3-583-50634-0
Blut-Mythus und Rasse-Religion
DB, ISBN 3-583-50638-3
Freimaurer
DB, ISBN 3-583-50616-2
Jehovas Zeugen
DB, ISBN 3-583-50608-1
Mormonen
NB, ISBN 3-583-50611-1
Neuapostolische Kirche
DB, ISBN 3-583-50617-0
die neuen jugendreligionen 1
DB, ISBN 3-583-50613-8
die neuen jugendreligionen 2
GB, ISBN 3-583-50621-9
die neuen jugendreligionen 3
SB, ISBN 3-583-50639-1
die neuen jugendreligionen 5
GB, ISBN 3-583-50652-9
Psi–Parapsychologie
DB, ISBN 3-583-50623-5
Ratschläge
GB, ISBN 3-583-50627-8
Satan – Teufel – Luzifer
DB, ISBN 3-583-50615-4
Scientology, Dianetik und andere Hubbardismen
GB, ISBN 3-583-50650-2
Sekten
DB, ISBN 3-583-50612-X
Spiritismus
DB, ISBN 3-583-50610-3
Sterben – Tod – Auferstehung
NB, ISBN 3-583-50607-3
Transzendentale Meditation
GB, ISBN 3-583-50622-7

Erwin Haberer
Herausforderung New Age
DB, ISBN 3-583-50649-9

Rüdiger Hauth
Adventisten
GB, ISBN 3-583-50632-4

Hansjörg Hemminger
Psychotherapie – Weg zum Glück?
GB, ISBN 3-583-50646-4
VPM
GB, ISBN 3-583-50663-4

Wulf Metz
Buddhismus
DB, ISBN 3-583-50653-7

Roswitha Sieper
Psychokulte
SB, ISBN 3-583-50645-6

Evangelischer Presseverband für Bayern • Birkerstraße 22 • 80636 München